Constanze Grüger

Bewegungshits für Grundschulkids

3. Auflage

Parcours- und Turnstationen für Schule und Verein

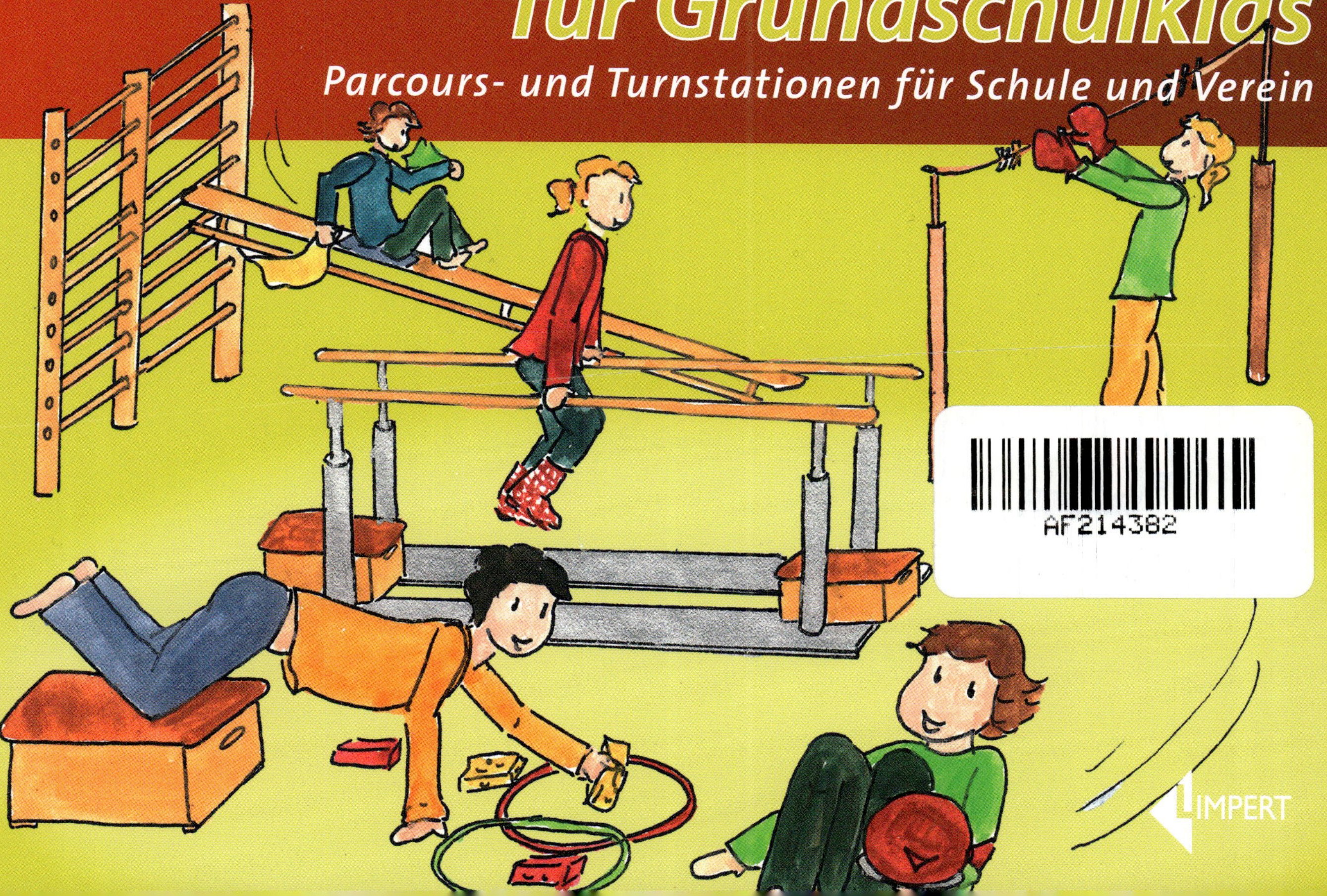

LIMPERT

Die Ratschläge sind von der Autorin und dem Verlag sorgfältig erwogen und geprüft, dennoch kann keine Garantie übernommen werden. Eine Haftung der Autoren bzw. des Verlages und seiner Beauftragten für Personen-, Sach- und Vermögensschäden ist ausgeschlossen.

Bibliografische Information der Deutschen Bibliothek
Die Deutsche Bibliothek verzeichnet diese Publikation in der Deutschen Nationalbibliografie; detaillierte bibliografische Daten sind im Internet unter http://d-nb.de abrufbar.

3. Auflage

www.limpert.de

Zeichnungen: Imke Habben, Hamburg
Satz: EBV Bruckmayer, Niederaichbach
Druck und Verarbeitung: Read Me Printing House, Warsaw
Printed in Europe/Imprimé en Europe
ISBN 978-3-7853-2011-2

Inhalt

1. Bewegungslandschaften

Der Reiz der Geräte ist besonders bei Grundschulkindern zu spüren. Dazu bieten sich Bewegungslandschaften, die Kinder durch den abenteuerlichen Aufbau reizen, sehr an. Dabei geht es nicht um das Erlernen von bestimmten Übungen oder Turnelementen, sondern um die Schulung und Verbesserung der allgemeinen Motorik auf spielerische und kindgerechte Weise.
Viele motorische Grundfertigkeiten wie das Klettern, Hangeln, Rollen, Schaukeln sollen in der Grundschulzeit gefestigt oder gar verfeinert werden. Hierfür können die Bewegungslandschaften und die Großgerätekombinationen einen guten Beitrag leisten.
Die Stationen sind ansprechend und abenteuerlich gestaltet und fordern von den Kindern etwas Mut. Das sind ideale Voraussetzungen, um Kindern Spaß an der Bewegung zu vermitteln und gleichzeitig eine gute motorische Schulung zu gewährleisten.
Jede der zwölf Bewegungslandschaften enthält drei oder vier Stationen, die in ein Thema eingebunden sind. Die einzelnen Stationen können gemeinsam aufgebaut werden. Man kann aber auch nur eine pro Bewegungseinheit nutzen. Natürlich können die Stationen auch jederzeit frei miteinander kombiniert werden.

Alle Stationen sind in der Praxis mit Grundschulkindern erprobt und von den Kindern mit viel Freude beturnt worden.

Da in jeder Halle die Geräteausstattung unterschiedlich und das Leistungsniveau anders sind, ist hier die Lehrkraft gefragt, die Stationen so abzuwandeln, dass sie der jeweiligen Kindergruppe angepasst sind.

1.1 Im ewigen Eis

Station „Gletscher"

Aufbauhinweis:

Zuerst wird die Sprossenwand ausgeklappt und im Boden fixiert. Nun werden von der linken Seite die Bank eingehängt und das Ziehtau an der Sprossenwand befestigt. Außerdem wird die Strickleiter dort ebenfalls festgeknotet. Von der anderen Seite wird nun die Weichbodenmatte an die Sprossenwand gestellt und mit den 3 Seilen an der Sprossenwand festgeknotet. Nun wird die Strickleiter über die Weichbodenmatte gehängt und es werden die Turnmatten zur Absicherung ausgelegt.

Material:

- 1 Bank
- 1 Tau
- 1 Sprossenwand
- 1 Weichbodenmatte
- 1 Strickleiter
- ca. 3 Seile zum Festbinden der Weichbodenmatte
- Turnmatten zum Absichern

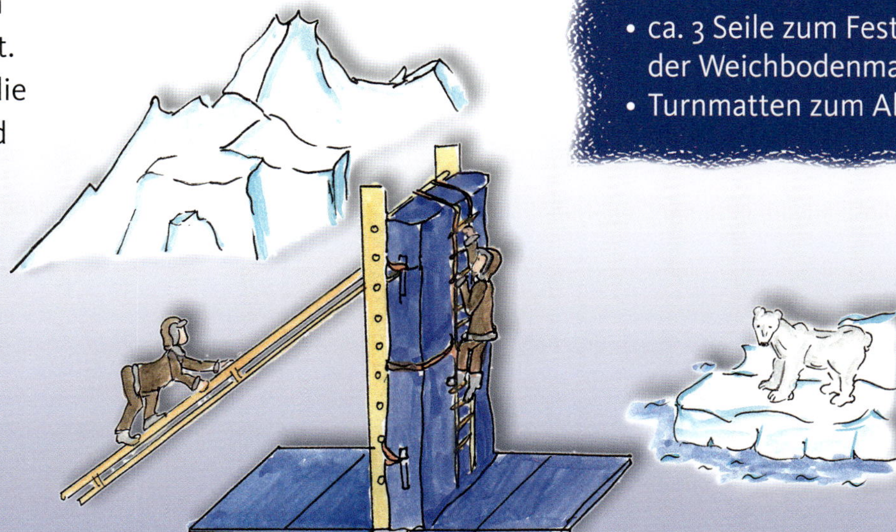

1.1 Im ewigen Eis

Station „Gletscher"

Förderung motorischer Grundtätigkeiten:

- Steigen/Klettern
- Gleiten/Rutschen

Mögliche Bewegungsaufgaben:

Die Kinder ziehen sich mithilfe des Ziehtaus die Bank nach oben und steigen über die Strickleiter herunter.
Die Kinder steigen die Strickleiter nach oben und rutschen die Bank hinunter.

Hilfestellung:

Der Erwachsene hilft den Kindern nur beim Übersteigen der Bank zur Strickleiter. Hier wird empfohlen, sich auf eine Erhöhung, z. B. einen kleinen Turnhocker zu stellen, um die Kinder besser mit dem Klammergriff an Oberarm greifen zu können.

1.1 Im ewigen Eis

Station „Eisschollen"

Aufbauhinweis:

Der Aufbau kann in einer Linie oder in einer Kreisform erfolgen, günstig ist ein geringer Abstand der Geräte, damit die Kinder nicht den Boden dazwischen berühren.
Zuerst werden die Fahrradmäntel auf den Boden gelegt, so dass sich diese leicht überlappen. Darauf wird nun die Bank verkehrt herum gelegt. Dann werden 3–4 Medizinbälle auf den Boden gelegt und der Kastendeckel darauf gestülpt. Nun werden die 4–8 Wurfringe als Rechteck auf den Boden gelegt und das Sprungbrett darauf gesetzt. Jetzt wird die Weichbodenmatte auf den Boden gelegt und darauf werden ein kleiner Kasten und ein Kastendeckel gestellt. Zum Schluss wird der Kissenbezug mit den aufgepusteten Luftballons gefüllt, verschlossen und mit einer Turnmatte abgedeckt.

Material:

- 1 Bank + 5 Fahrradmäntel
- 1 Kastendeckel + 3–4 Medizinbälle
- 1 Sprungbrett + 4–8 Wurfringe
- 1 Weichbodenmatte + 1 kleinen Kasten + 1 Kastendeckel
- 1 Kissenbezug (mit Luftballons gefüllt) + 1 Turnmatte

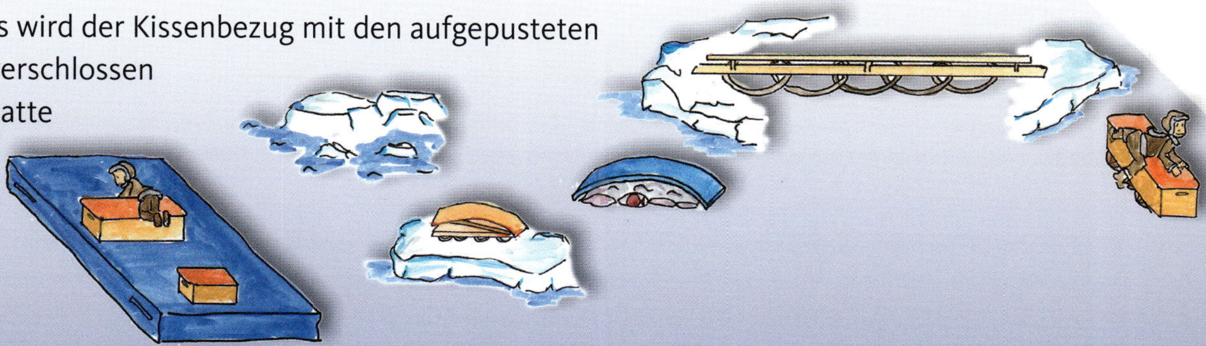

1.1 Im ewigen Eis

Station „Eisschollen“

Förderung motorischer Grundtätigkeiten:

- Gehen/Balancieren
- Steigen
- Hüpfen/Springen
- Krabbeln/Kriechen/Robben

Mögliche Bewegungsaufgaben:

Die Kinder gehen vor- oder rückwärts über die Turnbank auf der breiten Seite. Sie gehen oder krabbeln über den Kastendeckel und hüpfen über das Sprungbrett. Nun steigen sie auf den Kastendeckel und springen auf den kleinen Kasten. Weiter geht es dann im Robben über die Turnmatte auf den Kissenbezug.

Hilfestellung:

Der Erwachsene hilft den Kindern nur beim Balancieren und Springen durch Halten am Oberarm, falls nötig.

1.1 Im ewigen Eis

Station „Eislochtauchen“

Aufbauhinweis:

Zunächst werden die Ringe heruntergelassen und ein Ring wird ca. 40 cm weiter nach oben verstellt. Nun wird der Barren direkt unter die Ringe gestellt, so dass diese über der Holmengasse hängen. In die Holmengasse werden 2 kleine Kästen mit einem Abstand von ca. 60 cm gestellt. In die Holmengasse werden 2 Turnmatten so eingebogen, dass sie auf den kleinen Kästen aufsitzen. (Es entsteht eine Röhre, die unten durch die kleinen Kästen offen bleibt). Jetzt werden noch der große Kasten und die kleinen Kästen zur Kastentreppe auf einer Seite aufgestellt und das Ringpaar so eingehängt, dass ein Ring in der Röhre und der andere etwas darüber hängt.

Material:

- 1 Barren
- 4 kleine Kästen
- 1 großer Kasten
- 1 Ringpaar
- Turnmatten

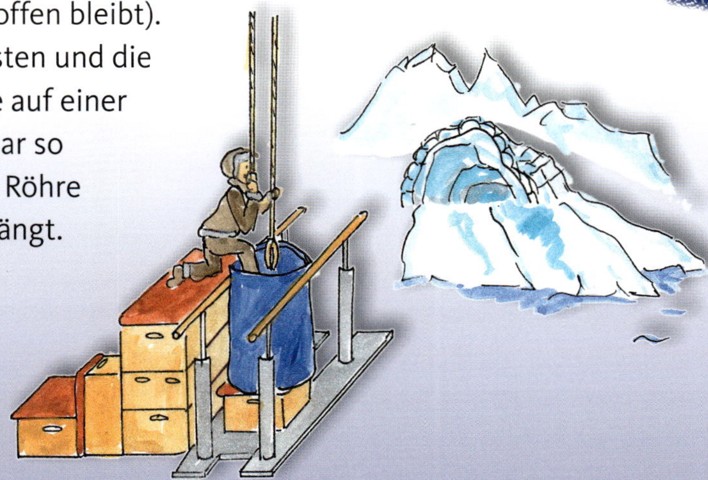

Station „Eislochtauchen"

Förderung motorischer Grundtätigkeiten:

- Steigen/Klettern
- Krabbeln/Kriechen

Mögliche Bewegungsaufgaben:

Die Kinder steigen die Kastentreppe hoch und greifen das Seil des Ringpaares. Nun steigen sie auf einen Barrenholm und klettern mithilfe der Holzringe durch die Mattenröhre. Wenn sie unten angekommen sind, krabbeln sie durch die Lücke zwischen den kleinen Kästen raus.

Hilfestellung:

Der Erwachsene hilft den Kindern beim Einsteigen in die Röhre. Hierzu wird eine Erhöhung, z. B. ein Turnhocker empfohlen. Die Kinder können dann durch den Klammergriff am Oberarm unterstützt werden.

1.2 Stuntman-Show

Station „Vom fahrenden Auto springen“

In dieser Bewegungslandschaft geht es ganz abenteuerlich zu und die Kinder können hier ihr Können beweisen. Sie schlüpfen in die Rollen von Stuntmen und müssen schwierige Situationen meistern. Mit etwas Nervenkitzel und einer Portion Mumm gehen die Kinder gestärkt aus den Übungen hervor.

Material:

- 1 Bank
- 1 Ringpaar
- 1 Trapezstange
- 1 Rollbrett
- 1 Weichbodenmatte

Aufbauhinweis:

Zuerst wird das Ringpaar herabgelassen, und die Bank wird so auf den Boden gestellt, dass sie mit einem Ende zwischen den Holzringen der Schaukelringe steht. Nun wird die Trapezstange zunächst in einen Holzring eingehängt, dann hinter dem Steg der Bank entlang geführt und dann in den 2. Holzring eingehängt. Die Bank wird jetzt mit dem anderen Ende auf ein Rollbrett gestellt. Die Schaukelringe werden hochgezogen und festgestellt. Zum Schluss wird noch eine Weichbodenmatte unter die Ringe gelegt.

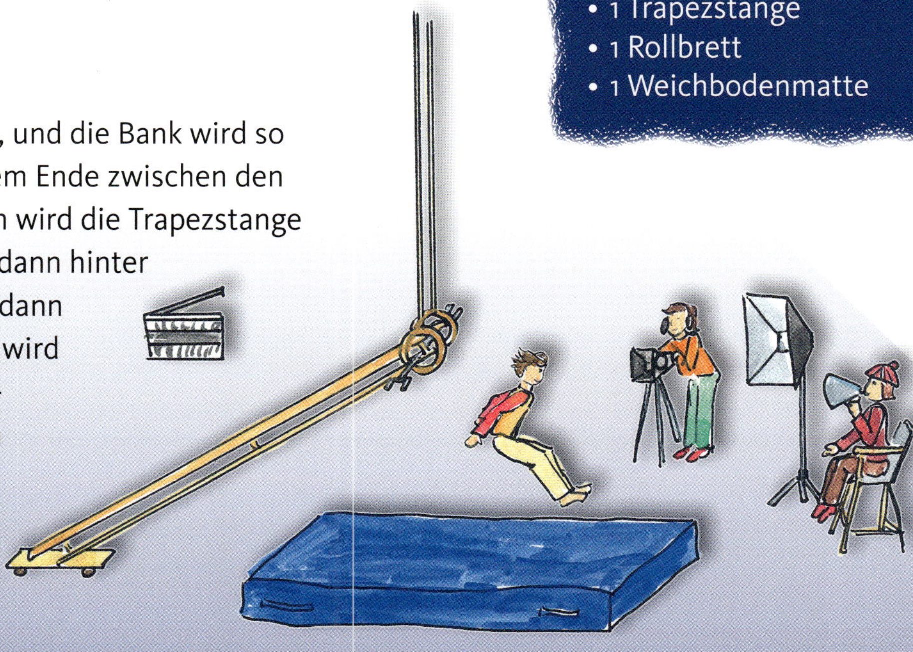

Station „Vom fahrenden Auto springen"

Förderung motorischer Grundtätigkeiten:

- Gehen/Balancieren
- Hüpfen/Springen

Mögliche Bewegungsaufgaben:

Die Kinder ziehen sich die Bank nach oben und springen auf die Weichbodenmatte.

Die Kinder krabbeln die Bank nach oben und springen hinten auf die Weichbodenmatte.

Die Kinder gehen die Bank nach oben und springen rückwärts die Bank nach unten auf die Weichbodenmatte.

Sicherheitshinweis: Da sich die Bank beim Herunterspringen bewegt, müssen die Kinder, die sich anstellen, an dieser Station Sicherheitsabstand einhalten.

Hilfestellung:

Der Erwachsene hilft den Kindern beim Aufstieg bei Bedarf mit dem Klammergriff am Oberarm.

Station „In einen fliegenden Hubschrauber klettern"

Aufbauhinweis:

Zunächst wird das Ringpaar heruntergelassen, und die Strickleiter wird mit einem Seil daran befestigt. Der Barren wird aufgebockt herangeschoben, und das andere Ende der Strickleiter wird mithilfe eines Seils am hohen Barrenholm festgebunden. Jetzt wird der Barren so weit weg geschoben, bis die Strickleiter gespannt ist. Nun wird noch an den niedrigen Barrenholm die Bank eingehängt. Zum Schluss wird noch die Weichbodenmatte unter den höchsten Punkt gelegt, und unter der Strickleiter sowie unter dem Barren werden Turnmatten ausgelegt.

Material:

- 1 Bank
- 1 Barren
- 1 Strickleiter
- 1 Ringpaar
- 1 Weichbodenmatte
- Seile, um die Strickleiter festzubinden
- Turnmatten

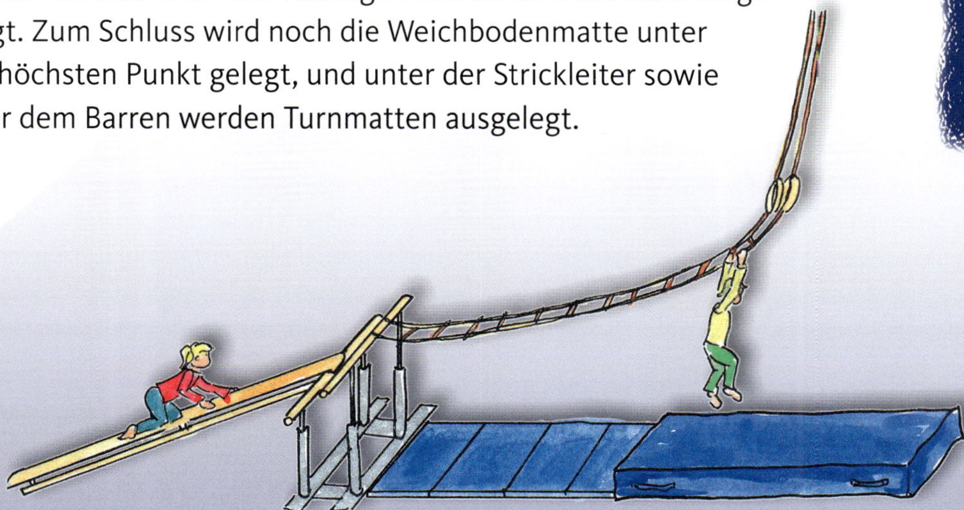

Station „In einen fliegenden Hubschrauber klettern"

Förderung motorischer Grundtätigkeiten:

- Gehen/Balancieren
- Rutschen/Gleiten
- Klettern/Hangeln
- Springen

Mögliche Bewegungsaufgaben:

Die Kinder ziehen sich die Bank nach oben, steigen über den Holm an die Strickleiter und hangeln sich nach oben. Am Ringpaar angekommen, springen sie nach unten auf die Weichbodenmatte. Die Kinder können die Bank auch im Krabbeln oder Gehen bewältigen.

Auch das Hangeln an der Strickleiter mit den Füßen voran ist eine schöne Variante.

Hilfestellung:

Der Erwachsene hilft den Kindern beim Übersteigen vom Barren auf die Strickleiter. Dazu greift er am besten von hinten an der Hüfte, um so die Rotation nicht zu behindern.

Station „Auf ein Floß aufspringen"

Aufbauhinweis:

Zunächst wird das Minitrampolin aufgestellt und angrenzend an die niedrige Seite die Bank. Auf der anderen Seite des Trampolins werden 6 Rollbretter auf den Boden gestellt, so dass sie wie in einem Rechteck mit je einem Abstand von 1 m zueinander stehen. Darauf wird nun die Weichbodenmatte gelegt. Falls diese sehr dünn ist, sollten noch zwei weitere Rollbretter mittig unter die Weichbodenmatte gestellt werden.

Material:

- 1 Bank
- 1 Minitrampolin
- 1 Weichbodenmatte
- 6–8 Rollbretter

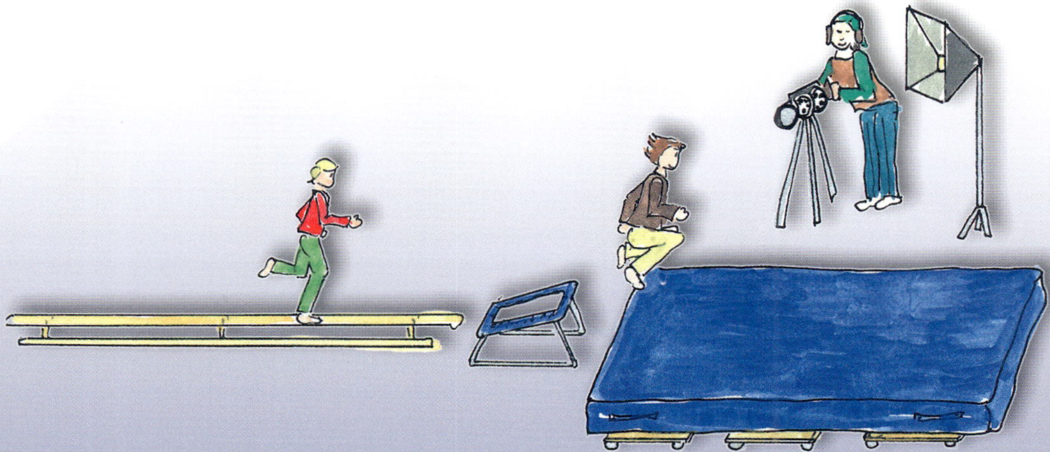

Station „Auf ein Floß aufspringen"

Förderung motorischer Grundtätigkeiten:

- Gehen/Laufen
- Hüpfen/Springen

Mögliche Bewegungsaufgaben:

Die Kinder gehen oder laufen über die Bank und springen in das Minitrampolin. Von dort springen sie in die Weichbodenmatte und landen entweder in der Bankstellung, im Langsitz oder auf dem Bauch und lassen sich mit der Weichbodenmatte ausrollen.

Sicherheitshinweis: Da die Weichbodenmatte, je nach Sprungkraft des Kindes, ein ganzes Stück weiterrollen kann, sollten hier keine Kinder stehen.

Hilfestellung:
Der Erwachsene nimmt die allgemeine Sicherheitsstellung am Minitrampolin ein.

1.3 Räuber & Diebe

Station „Gefängnisausbruch“

In dieser Bewegungslandschaft gehen die Kinder unter die Diebe und Räuber. Sie dürfen Diamanten rauben, in den Tresorraum einbrechen und dann aus dem Gefängnis fliehen. Hier können sie beweisen, dass sie nicht nur mutig, sondern auch geschickt sind. Nur wer eine gute Beweglichkeit zeigt, kann hier erfolgreich sein.

Material:

- 1 gr. Kasten + 1 kl. Kasten
- 2 Ringpaare
- 1 Barren
- 2 Weichbodenmatte + Turnmatten

Aufbauhinweis:

Zuerst werden die Ringpaare herabgelassen und der Barren zwischen die Ringpaare gestellt. Nun wird eine Turnmatte auf die Eisenfüße des Barrens gelegt und dann die Weichbodenmatte in die Holmengasse geschoben. Jetzt werden von einer Seite der große Kasten und dann der kleine Kasten hingestellt und auf der anderen Seite wird die zweite Weichbodenmatte gelegt. Nun werden die Ringpaare unterschiedlich hoch eingestellt, so dass der erste Ring ca. 40 cm höher als der Kasten hängt.

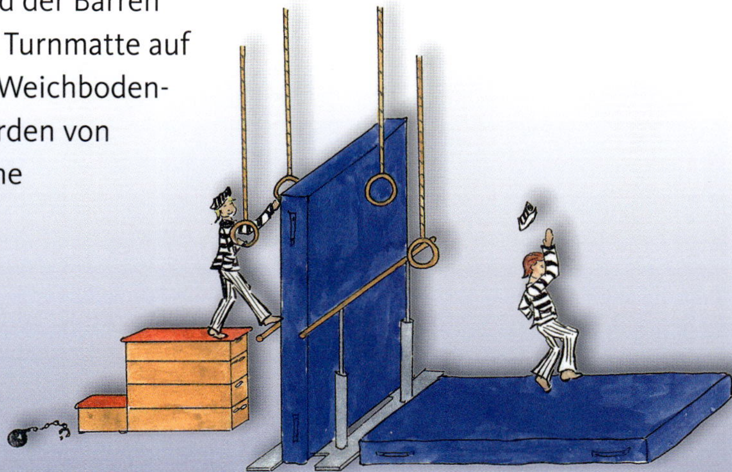

1.3 Räuber & Diebe

Station „Gefängnisausbruch"

Mögliche Bewegungsaufgaben:

Die Kinder steigen die Kastentreppe hinauf und gehen mit den Füßen in die Holzringe, wobei sie sich gleichzeitig an dem Seil der Ringe halten. Sie übersteigen die Weichbodenmatte und steigen auf der anderen Seite an den Ringen wieder hinunter. Sie springen auf die Weichbodenmatte am Boden.

Förderung motorischer Grundtätigkeiten:

- Steigen/Klettern
- Schaukeln/Schwingen
- Hängen/Stützen
- Hüpfen/Springen

Die Kinder steigen die Kastentreppe hinauf und halten sich mit den Händen in de Ringen fest. Sie schwingen bis zum Barren und stellen sich auf einen Barrenholm, während sie sich an der Weichbodenmatte halten. Nun klettern sie über die Weichbodenmatte und schwingen mithilfe des anderen Ringpaares auf die Weichbodenmatte am Boden.

Sicherheitshinweis: Es sollte eine stabile Weichbodenmatte zum Aufstellen in der Holmengasse gewählt werden. Auch kann die Weichbodenmatte quer aufgestellt werden, so dass die Höhe nur 2 m statt 3 m beträgt.

Hilfestellung:

Der Erwachsene hilft den Kindern beim Überwinden der aufgestellten Weichbodenmatte mit dem Klammergriff am Oberarm und evtl. an der Hüfte. Da die Weichbodenmatte recht hoch ist, sollte der Erwachsene auf einem Kasten stehen, um die Kinder besser greifen zu können.

Station „Diamantendiebstahl“

Aufbauhinweis:

Zunächst werden jeweils zwei Kasteninnenteile ineinander geschoben. Zwei dieser doppelten Kastenteile werden nebeneinander, das andere mittig darauf gestellt. In den Kastendeckel werden mithilfe des Klebebandes die Goldtaler festgeklebt und dann wird dieser auf das oberste Kasteninnenteil gelegt.

Material:

- 6 Kasteninnenteile
- 1 Kastendeckel
- „Diamanten“, z. B. Goldtaler, Bierdeckel, o. Ä.
- Klebeband

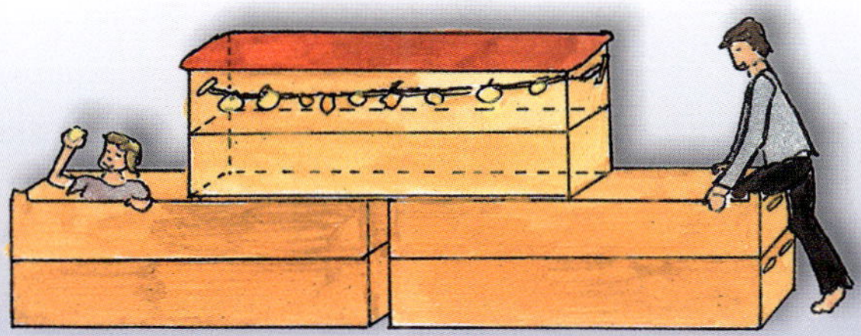

1.3 Räuber & Diebe

Station „Diamantendiebstahl“

Förderung motorischer Grundtätigkeiten:

- Krabbeln/Kriechen
- Rutschen/Gleiten
- Steigen/Klettern

Mögliche Bewegungsaufgaben:
Die Kinder steigen in den Kastentunnel, krabbeln hindurch und nehmen sich am Kastendeckel einen Goldtaler mit. Sie steigen auf der anderen Seite wieder heraus.

Sicherheitshinweis: Optimal sind die Kästen, deren Holzapfen an den vier Kastenecken nach unten zeigen, denn so halten die oberen Kasteninnenteile von selbst, da die Holzzapfen in die unteren greifen.

Wenn Kästen verwendet werden, deren Holzzapfen nach oben zeigen, sollten alle Kasteninnenteile gedreht werden und statt des Kastendeckels eine Matte verwendet werden, die aufgelegt wird.

Station „Einbruch in Tresorraum"

Aufbauhinweis:

Zunächst wird die Bank parallel zu der Sprossenwand aufgestellt. Nun werden die Zauberschnüre von unterschiedlichen Sprossen zur Bank gespannt, so dass ein Netz entsteht. Dann werden auf einer Seite die Goldtaler, auf der anderen Seite die Taucherbrille gelegt.

Material:

- 1 Bank
- 1 Sprossenwand
- 1–2 Zauberschnüre
- Goldtaler, z. B. Bierdeckel, Tischtennisbälle o. Ä.
- 1 Taucherbrille

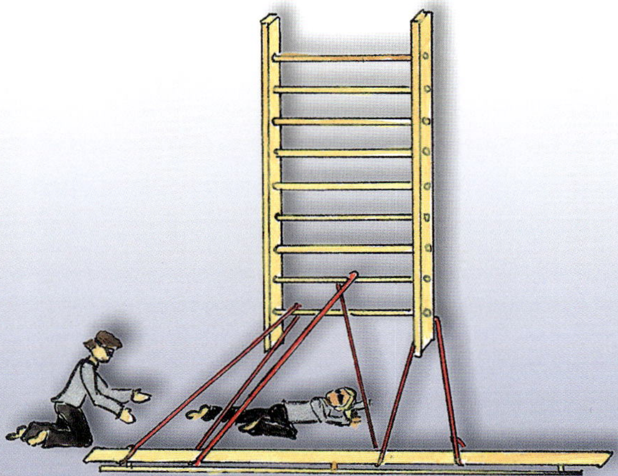

Station „Einbruch in Tresorraum"

Förderung motorischer Grundtätigkeiten:

- Steigen/Klettern
- Krabbeln/Kriechen
- Hüpfen/Springen
- Rutschen/Gleiten
- Hängen/Stützen

Mögliche Bewegungsaufgaben:

Die Kinder setzen sich die Taucherbrille auf und sehen so die Lichtstrahlen, die sie nicht berühren sollen. Sie steigen oder hüpfen über die Schnüre, sie krabbeln und rutschen unter ihnen hindurch. Hinten angekommen, nehmen sie sich einen Goldtaler und kommen durch das Strahlennetz wieder zurück.

1.4 Aprilwetter

Station „Platzregen"

Was liegt im April näher, als das Wetter in all seinen Facetten zu erfahren? Es in die Halle zu holen! In dieser Bewegungslandschaft gehen die Kinder auf Entdeckungsreise durch das Wetter.
Sie machen selbst lauten Platzregen, lassen Blitze einschlagen und werfen dicke Hagelkörner, so dass es so richtig scheppert. So macht ein Krafttraining erst richtig Spaß.

Material:

- 2 Bänke
- 2 gr. Kästen (3- oder 4-tlg.)
- 1 Abflussrohr
- 1 lange Noppenfolie

Aufbauhinweis:

Zuerst wird ein Kasten aufgestellt und zwei Bänke mit einer Seite parallel eingehängt, so dass eine Gasse von ca. 50 cm bleibt.
Nun wird der zweite Kasten an die Enden der Bänke geschoben, die werden aufgesetzt, und dann wird der Kasten soweit geschoben, bis die Bänke zwischen den Kästen eingeklemmt sind.
In die Bankgasse wird die Noppenfolie auf den Boden gelegt und dann an einen Kasten das Abflussrohr auf die Folie gelegt.

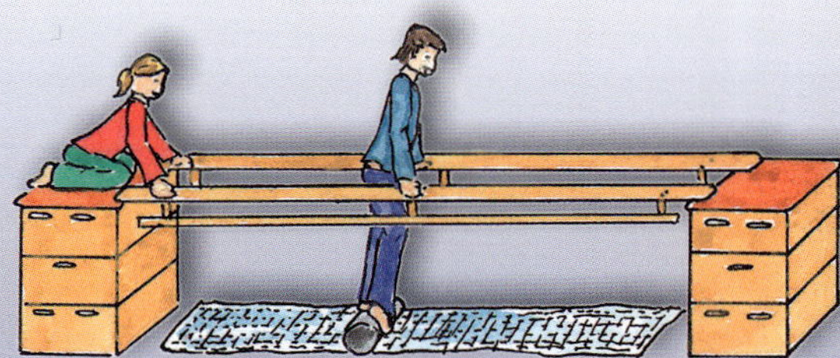

Station „Platzregen“

Förderung motorischer Grundtätigkeiten:

- Hängen/Stützen
- Rollen/Wälzen
- Gehen/Laufen
- Steigen/Klettern

Mögliche Bewegungsaufgaben:

Die Kinder steigen über den Kasten in die Bankgasse. Dort stützen sie sich auf die Bänke und gehen dabei gleichzeitig auf dem Rohr weiter. Sie rollen es bis zum anderen Kasten und lassen so die Luftblasen in der Noppenfolie zerplatzen.

Hilfestellung:

Der Erwachsene hilft den Kindern beim Stützen n der Bankgasse mit dem Klammergriff am Oberarm.

Station „Großer Blitzeinschlag" – für geübte Kinder

Aufbauhinweis:

Zunächst wird die Bank in der 5.–8. Sprosse der Sprossenwand eingehängt. Dann wird unter das andere Ende der Bank ein kleiner Kasten gestellt. Als nächstes wird das Minitrampolin mit der hohen Seite zum kleinen Kasten aufgestellt und an die niedrige Seite wird die Weichbodenmatte gelegt. Zeitungsblätter werden bereit gelegt.

Material:

- 1 Sprossenwand
- 1 kl. Kasten
- 1 Bank
- 1 Minitrampolin
- 1 Weichbodenmatte
- Zeitungsblätter
- Turnmatten

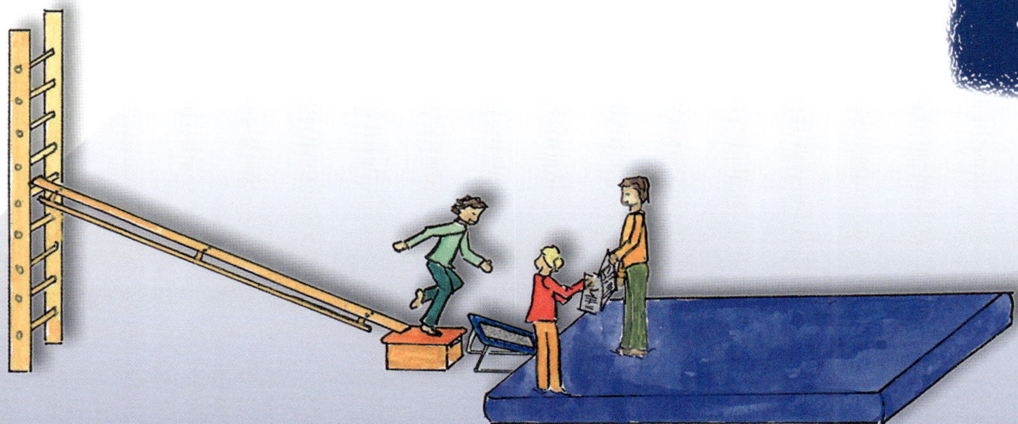

Station „Großer Blitzeinschlag" – für geübte Kinder

Förderung motorischer Grundtätigkeiten:

- Gehen/Laufen
- Steigen/Klettern
- Hüpfen/Springen

Mögliche Bewegungsaufgaben:

Die Kinder klettern an der Sprossenwand nach oben, steigen auf die Bank und gehen diese hinunter. Sie springen in das Minitrampolin und springen in ein geöffnetes Zeitungsblatt, was zwei andere Kinder gespannt halten.

Hilfestellung:

Hier muss die Sicherheitsstellung am Minitrampolin angewandt werden.

Station „Kleiner Blitzeinschlag" – für Anfänger

Aufbauhinweis:

Zunächst werden die beiden Bänke leicht versetzt nebeneinander gestellt, so dass keine Lücke zwischen den Bänken ist.
Als nächstes wird das Minitrampolin mit der niedrigen Seite zu den Bänken aufgestellt. Dann wird die Weichbodenmatte hinter das Minitrampolin gelegt. Zeitungsblätter werden bereit gelegt.

Material:

- 2 Bänke
- 1 Minitrampolin
- 1 Weichbodenmatte
- Zeitungsblätter
- Turnmatten

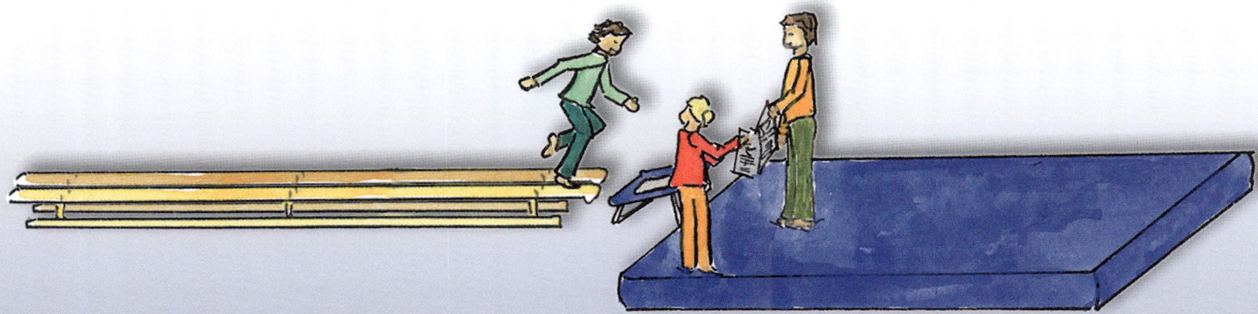

Station „Kleiner Blitzeinschlag" – für Anfänger

Förderung motorischer Grundtätigkeiten:

- Gehen/Laufen
- Hüpfen/Springen

Mögliche Bewegungsaufgaben:

Die Kinder laufen über die Bänke an, springen in das Minitrampolin und dann in ein geöffnetes Zeitungsblatt, was zwei andere Kinder gespannt halten.

Hilfestellung:

Hier muss die Sicherheitsstellung am Minitrampolin angewandt werden.

1.4 Aprilwetter

Station „Hagel“

Aufbauhinweis:

Zunächst werden die Taue herausgezogen und dann wird die Bank parallel zu den Tauen aufgestellt. Auf der anderen Seite der Taue werden die beiden Hochsprungständer hingestellt und mit einem Seil verbunden. Hieran werden die gelochten und mit Schüren versehenen Blechdeckel aufgehängt. Die Turnmatten werden zur Absicherung unter die Taue gelegt.
Auf die Seite der Bank werden noch ein paar Tischtennisbälle gelegt.

Material:

- 1 Bank
- Taue
- 2 Hochsprungständer o. Ä.
- 1 Seil
- gelochte Blechdeckel
- Schnüre
- Tischtennisbälle
- Turnmatten

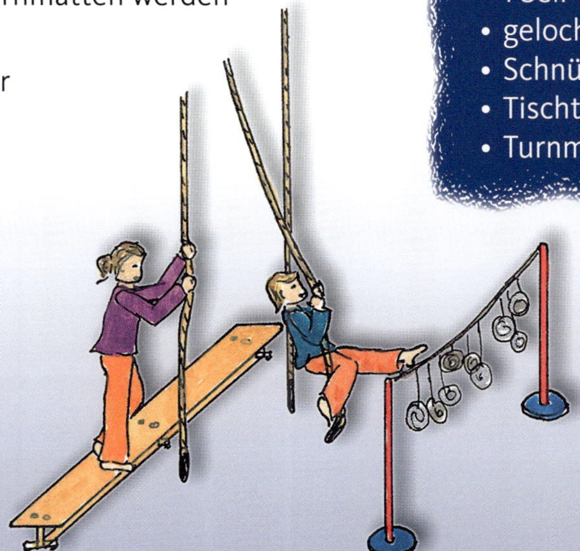

Station „Hagel"

Förderung motorischer Grundtätigkeiten:

- Schaukeln/Schwingen

Mögliche Bewegungsaufgaben:

Die Kinder nehmen sich einen Tischtennisball, schwingen mithilfe eines Taus Richtung Blechdeckel und werfen den Tischtennisball darauf.

Sicherheitshinweis: Häufig schwingen die Kinder bis über die Bank zurück, sodass die anderen Kinder seitlich an der Bank anstehen sollten.

1.5 Im Wald

Station „Ameisenhügel“

„Der Mai ist gekommen, die Bäume schlagen aus.“ Bekannt aus einem Volkslied und tatsächlich, im Mai beginnt alles zu wachsen. Aber nicht nur die Flora ist rege, auch die Tiere sind in voller Aktivität. Die Ameisen bringen alles in ihren Hügel, und es wimmelt nur so von ihnen. Hier kann es ganz schon unangenehm werden, wenn wir da hinein geraten. Und wie schön kann man dem Specht lauschen, wenn man im Mai durch den Wald geht. Doch auch die Spinnen sind auf Beute aus. Besonders im Morgentau glänzen ihre Netze, und sie bewegen sich wie kleine Balancierkünstler blitzschnell darauf. Und nun kann es los gehen, denn der Wald wartet schon in der Turnhalle auf uns!

Material:

- 1 kleiner Kasten
- 1 Turnbank
- 6–8 Abflussrohre oder Teppichbodenrollen (Länge ca. 50 cm)
- Taue
- 3 Turnmatten
- 3 Hütchen

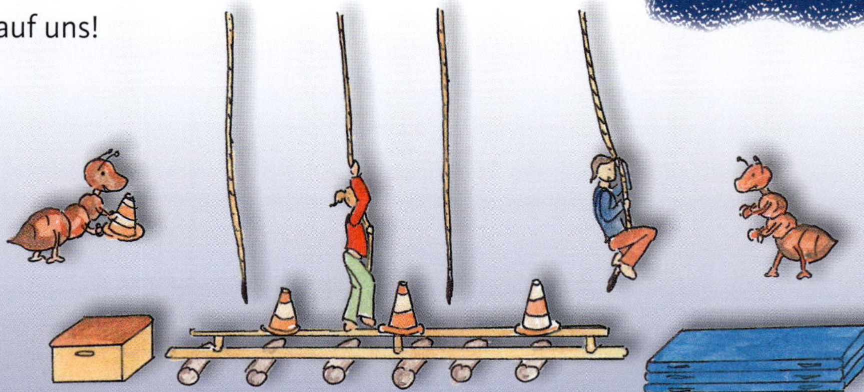

1.5 Im Wald

Station „Ameisenhügel"

Aufbauhinweis:

Zuerst werden die Taue herausgezogen, so dass sie einrasten. Nun wird neben das erste Tau der kleine Kasten aufgestellt. Unter die Taue werden die Abflussrohre mit gleichmäßigem Abstand verteilt. Nun wird die Bank mit der breiten Seite auf die Rohre gelegt und am anderen Ende der Bank werden die Turnmatten aufeinander gelegt. Jetzt werden in die Tauzwischenräume die Hütchen auf die Bank gestellt.

Förderung motorischer Grundtätigkeiten:

- Hängen/Stützen
- Schaukeln/Schwingen
- Gehen/Laufen
- Steigen/Klettern

Mögliche Bewegungsaufgaben:

Die Kinder steigen auf den kleinen Kasten, greifen sich das erste Tau und schwingen damit über das erste Hütchen und landen auf der Bank. So arbeiten sie sich bis zum Ende vor, wo sie dann schließlich auf dem Mattenberg ankommen.

Die Kinder können auf der schmalen oder breiten Seite der Bank zum Stehen kommen.

Hilfestellung:

Der Erwachsene hilft den Kindern beim Schwingen und Landen mit dem Klammergriff am Oberarm.

Station „Specht"

Aufbauhinweis:

Zunächst wird das Ringpaar heruntergelassen und die Strickleiter wird mithilfe von Seilen an das Ringpaar gebunden. Dann werden der Holzhammer und der Keksdosendeckel mit Kordel an den Holzringen befestigt. Nun wird das Ringpaar so fixiert, dass die Strickleiter etwa 30 cm über dem Boden hängt.
Jetzt wird die Weichbodenmatte mittig darunter gelegt und an einem Rand der Matte wird das Minitrampolin aufgestellt.

Material:

- 1 Ringpaar
- 1 Strickleiter
- 1 Weichbodenmatte
- 1 Minitrampolin
- 1 Holzhammer
- 1 Keksdosendeckel
- Seile/Kordel

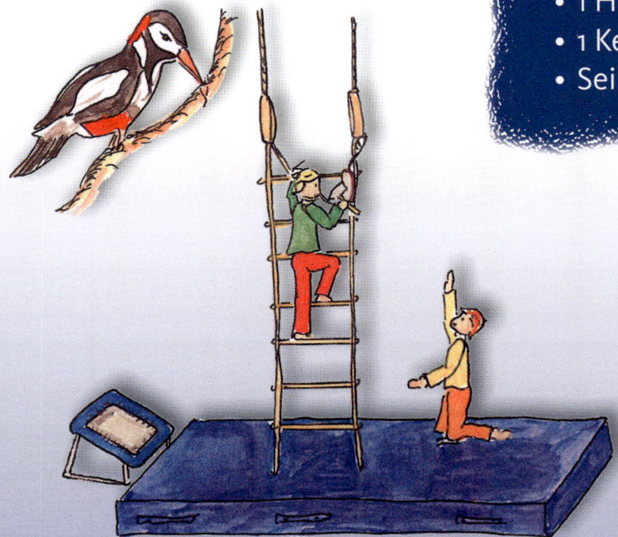

1.5 Im Wald

Station „Specht"

Förderung motorischer Grundtätigkeiten:

- Steigen/Klettern
- Hüpfen/Springen
- Schaukeln/Schwingen

Mögliche Bewegungsaufgaben:

Die Kinder steigen auf das Minitrampolin, hüpfen darauf und springen dann an die Strickleiter. Dort klettern sie nach oben und klopfen mit dem Holzhammer auf den Deckeln und können dann nach unten steigen oder von der Strickleiter auf die Weichbodenmatte springen.

Hilfestellung:

Hier muss die Sicherheitsstellung am Minitrampolin angewandt werden.

1.5 Im Wald

Station „Spinnennetz“

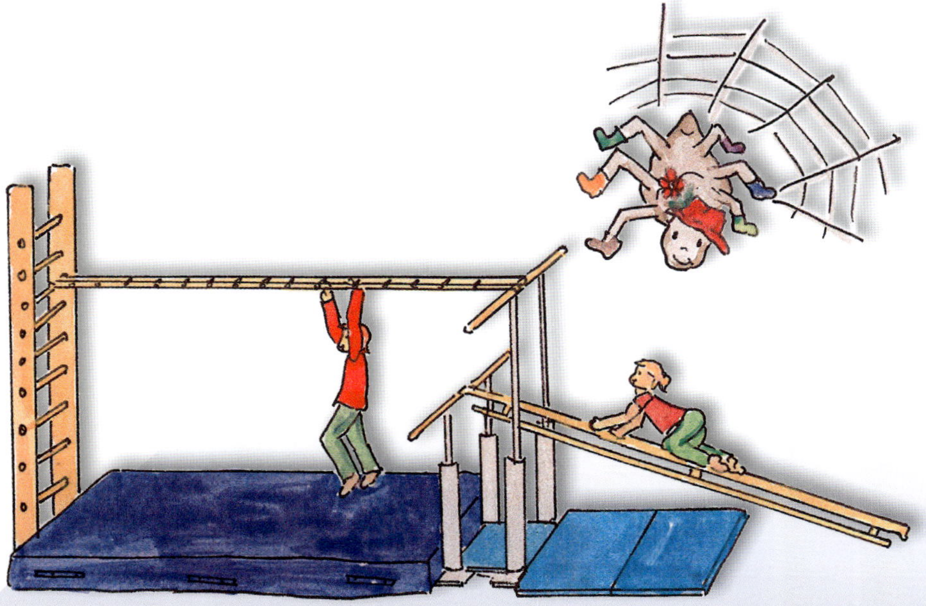

Material:

- 1 Bank
- 1 Barren
- 1 Turnleiter
- 1 Sprossenwand
- 1 Weichbodenmatte
- Turnmatten
- Seile

Aufbauhinweis:

Zunächst wird der Stufenbarren vor die Sprossenwand mit einem Abstand in etwa der Turnleiterlänge aufgestellt. Jetzt wird die Turnleiter in den hohen Holm eingehängt und mithilfe von 2 Seilen in einer Sprosse an der Sprossenwand festgebunden. Unter die Turnleiter wird die Weichbodenmatte gelegt. Dann wird von der anderen Seite die Bank in den niedrigen Holm eingehängt. Jetzt wird alles mit Turnmatten abgesichert.

Station „Spinnennetz"

Förderung motorischer Grundtätigkeiten:

- Steigen/Klettern
- Hängen/Stützen
- Gehen/Laufen
- Rutschen/Gleiten

Mögliche Bewegungsaufgaben:

Die Kinder gehen oder ziehen sich die Bank hoch, hängen sich von unten an die Turnleiter und hangeln sich mit Händen und Füßen bis zur Sprossenwand. Dort können sie entweder die Sprossenwand nach unten klettern oder von der Turnleiter abspringen.
Die Station kann auch von der anderen Seite beginnend geturnt werden, so dass die Kinder am Ende die Bank hinunterrutschen.

Hilfestellung:

Die Kinder werden beim Hangeln am Schultergürtel oder an der Hüfte gestützt.

1.6 Im Gebirge

Station „Schlucht"

Heute wollen wir ins Gebirge reisen. Wir ziehen unsere Ausrüstung an und verwandeln uns in Bergsteiger. Wir müssen tiefe Schluchten überwinden und aufpassen, dass wir nicht in den Felswänden steckenbleiben. Doch alleine schon der Aufstieg ins Gebirge ist recht beschwerlich. Die Untergründe sind aus Geröll und dadurch sehr wackelig. Die Stellen zum Festhalten sind auch nicht immer einfach zu greifen. Außerdem ist da noch der Gebirgsbach, der sich nach heftigen Regenschauern zu einem reißenden Fluss entwickelt hat. Also, ganz vorsichtig über die Brücke klettern, damit niemand ins Wasser fällt. So wird die Schulung vieler motorischer Grundtätigkeiten wie Kletten, Schwingen, Hangeln, Rollen usw. abenteuerlich verpackt und motiviert die Kinder zum vielfältigen Ausprobieren.

Material:

- 1 Bank, 1 Ringpaar
- 2 kleine Kästen, 2 große Kästen
- 1 Weichbodenmatte
- 2 Sprungbretter
- Turnmatten

Aufbauhinweis:

Zuerst wird das Ringpaar herunter gelassen und je ein großer Kasten wird links und rechts davon mit einem Abstand von ca. 1 m von den Tauen aufgestellt. Nun wird das Ringpaar in der Höhe fixiert, so dass ein Kind die Ringe von Kasten aus kopfhoch greifen kann. An einen Kasten wird die Bank eingehängt. Aus dem anderen Kasten wird ein Kasteninnenteil herausgenommen, so dass dieser nur noch 3-tlg. Ist. Mit einem Abstand von ca. 1 m werden die beiden kleinen Kästen an den 3-tlg. Kasten gestellt. Hierauf wird die Weichbodenmatte gelegt, so dass sie bündig mit dem Kastendeckel abschließt. An die andere Seite der Weichbodenmatte werden die beiden Sprungbretter gestellt und mit Turnmatten abgedeckt.

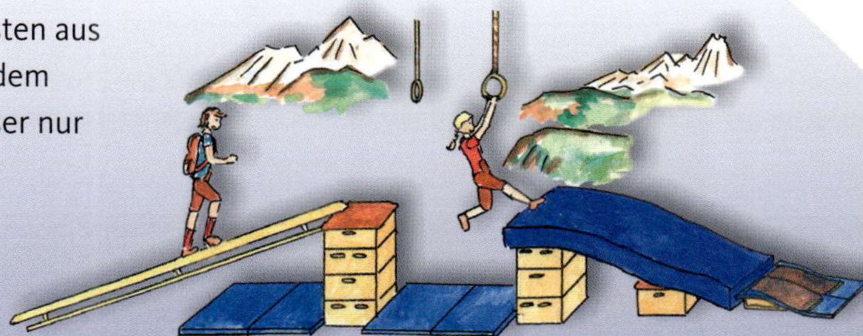

Station „Schlucht"

Förderung motorischer Grundtätigkeiten:

- Hängen/Stützen
- Schaukeln/Schwingen
- Gehen/Laufen
- Steigen/Klettern
- Wälzen/Rollen

Mögliche Bewegungsaufgaben:

Die Kinder gehen, ziehen, krabbeln die Bank nach oben. Dort angekommen, schwingen sie mithilfe des Ringpaares auf die Weichbodenmatte, auf der sie nach unten rollen.

Hilfestellung:

Der Erwachsene hilft den Kindern beim Schwingen, indem er mit einer Hand an der Lendenwirbelsäule und mit der anderen Hand an der Brustwirbelsäule unterstützt.

1.6 Im Gebirge

Station „Gebirgsaufstieg"

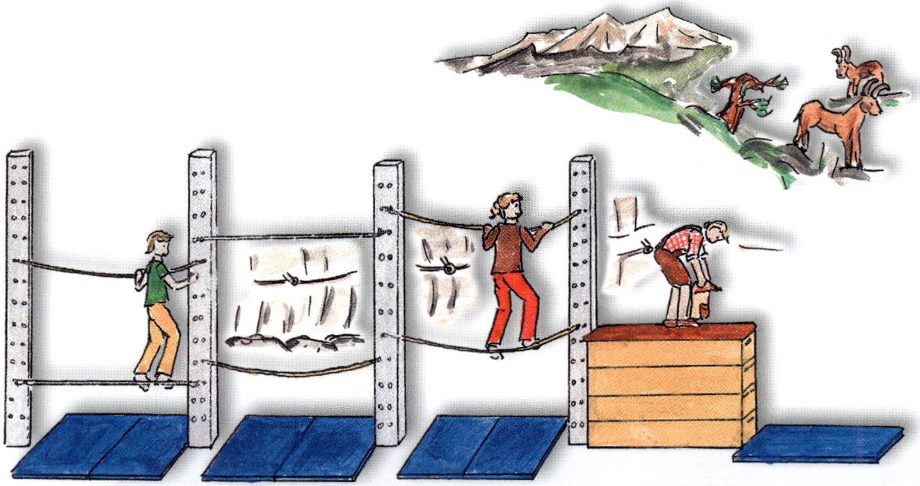

Material:

- 4 Reckpfosten
- 2 Reckstangen
- 4 lange Seile
- 1 großen Kasten
- Turnmatten

Aufbauhinweis:

Zunächst werden die 4 Reckpfosten aufgestellt und fixiert. Dann wird eine Reckstange an den ersten beiden Pfosten in der niedrigsten Stufe, die 2. Reckstange an dem 2. und 3. Pfosten mittig angebracht. Jetzt werden die langen Seile jeweils so an den Pfosten angebunden, dass sie zu den Reckstangen nach oben bzw. nach unten ca. 1 m Abstand haben. Am 3. und 4. Pfosten werden 2 Seile festgebunden, wobei das obere Seil ganz oben angebracht wird. Nun wird noch der große Kasten an den 4. Reckpfosten gestellt und alles mit Turnmatten abgesichert.

Station „Gebirgsaufstieg“

Förderung motorischer Grundtätigkeiten:

- Steigen/Klettern
- Hängen/Stützen

Mögliche Bewegungsaufgaben:

Die Kinder steigen auf die niedrigste Reckstange und halten sich am oberen Seil fest. Sie hangeln sich den Weg bis zum Kasten weiter. Von dort steigen sie wieder ab.

Hilfestellung:

Hier werden die Kinder von hinten an der Hüfte gehalten.

Station „Brücke über dem reißenden Fluss"

Aufbauhinweis:

Zunächst wird der Stufenbarren aufgestellt und die Bank wird in den niedrigen Holm eingehangt. Mithilfe von 2 Seilen wird eine Seite der Turnleiter an den niedrigen Barrenholm festgebunden. Nun wird der 2. Stufenbarren so aufgestellt, dass die Turnleiter auch wieder an dem niedrigen Barrenholm mit 2 Seilen angebunden werden kann. Jetzt wird die Weichbodenmatte in den 2. Barren hingeschoben; und die anderen Turnmatten werden zur Absicherung ausgelegt.

Material:

- 1 Bank
- 2 Barren
- 1 Turnleiter
- 4 Seile
- 1 Weichbodenmatte
- Turnmatten

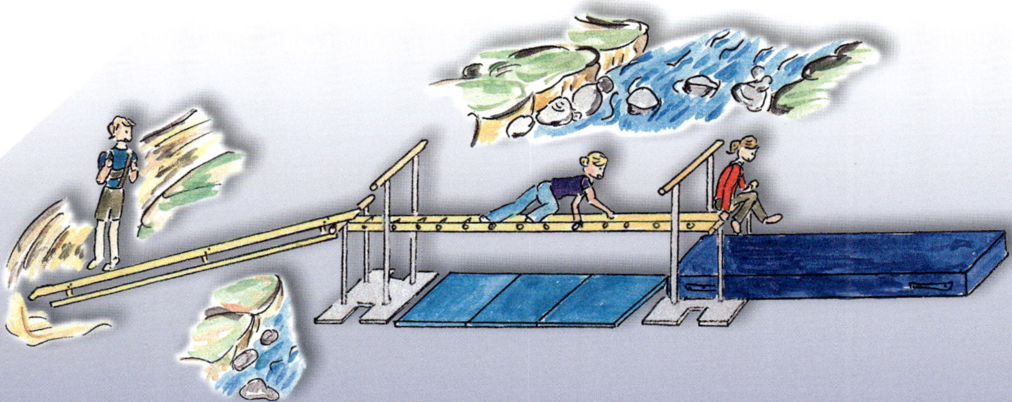

Station „Brücke über den reißenden Fluss"

Förderung motorischer Grundtätigkeiten:

- Steigen/Klettern
- Hängen/Stützen
- Krabben/Kriechen
- Gehen/Laufen
- Hüpfen/Springen

Mögliche Bewegungsaufgaben:

Die Kinder gehen oder ziehen sich die Bank hoch, gehen, krabbeln oder klettern über die Turnleiter und springen in die Weichbodenmatte.

Hilfestellung:

Hier werden die Kinder von hinten an der Hüfte gehalten bzw. mit dem Klammergriff am Oberarm unterstützt.

1.7 Im wilden Westen

Station „Cowboys reiten Bullen zu"

Wir reisen in den wilden Westen und schlüpfen in die Rollen von Cowboys und Indianern. So müssen wir die Bullen zureiten, was natürlich gar nicht so einfach ist. Hoffentlich fallt Ihr nicht herunter, wenn Ihr Euch nur mit einer Hand festhaltet. Dann sind die Siedler damals auch beschwerlich mit Planwagen durch den wilden Westen gezogen und mussten mühsam lange Strecken zurücklegen. Meist bei ganz fürchterlicher Hitze.
Auch die Indianer haben ihre Aufgaben, so z. B. bei der Jagd nach Essen. Einige waren sehr geschickte Kajakfahrer und haben so Fische fangen können, um sie zu verzehren. Das ist gar nicht so einfach mit solch kleinen Booten. Besonders geschickt waren sie beim Anschleichen. So bewegen sie sich ganz lautlos und ohne, dass sich das Gras bewegt auf dem Boden. Sicherlich schafft Ihr das auch, oder?

Material:

- 1 Ringpaar
- 1 Kasteninnenteil
- 2 Seile
- 2 Turnmatten

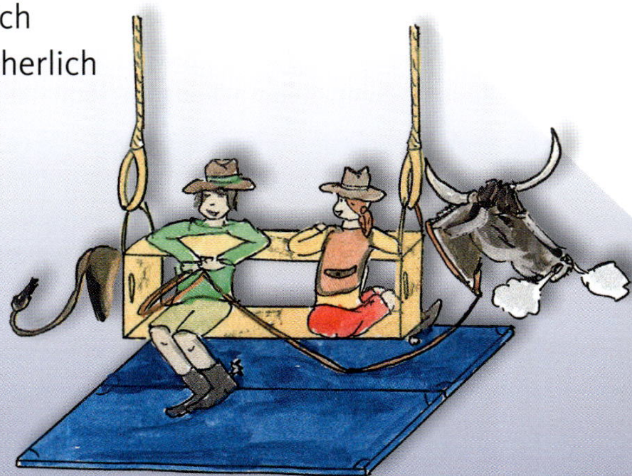

Aufbauhinweis:

Zuerst wird das Ringpaar herunter gelassen und das Kasteninnenteil wird mithilfe der 2 Seile daran befestigt. Die Ringe werden so fixiert, dass etwa 30 cm Abstand vom Boden zum Kasteninnenteil ist. Darunter werden die beiden Turnmatten ausgelegt.

Station
„Cowboys reiten Bullen zu“

Förderung motorischer Grundtätigkeiten:

- Schaukeln/Schwingen

Mögliche Bewegungsaufgaben:

Die Kinder setzen sich auf das Kasteninnenteil und schaukeln hin und her. Dazu halten sie sich an den Seilen fest.

Station „Indianer fischen mit dem Kajak"

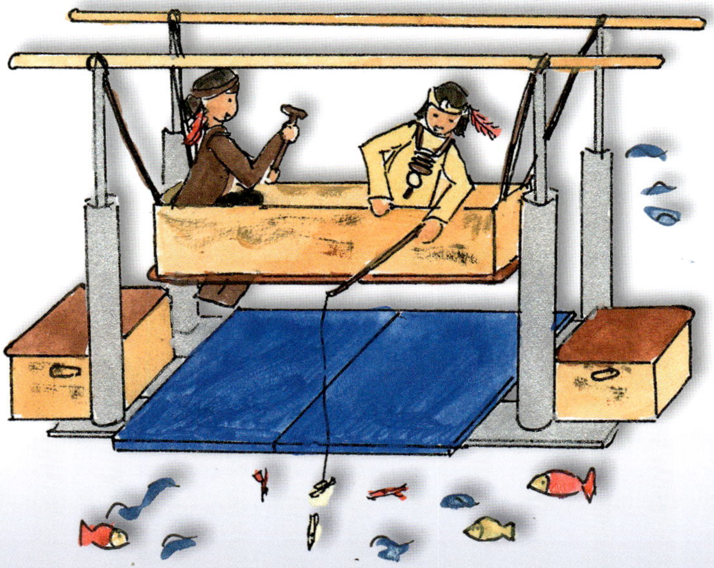

Material:

- 1 Barren
- 1 Kastendeckel
- 4 Seile
- 2 kleine Kästen
- Turnmatten
- 1 Angel mit Magnet
- Wäscheklammern

Aufbauhinweis:

Zunächst wird der Barren aufgestellt. Mithilfe der 4 Seile wird der Kastendeckel an die Barrenholme geknotet, so dass dieser frei schwingt. Die Holmengasse wird mit Turnmatten abgesichert und an den Anfang und an das Ende der Holmengasse wird jeweils ein kleiner Kasten aufgestellt. Die Angel wird in den Kastendeckel gelegt, und die Wäscheklammern werden neben dem Barren auf den Boden gelegt.

Station „Indianer fischen mit dem Kajak"

Förderung motorischer Grundtätigkeiten:

- Steigen/Klettern
- Schaukeln/Schwingen

Mögliche Bewegungsaufgaben:

Die Kinder steigen über den kleinen Kasten in den Kastendeckel. Dort setzen oder knien sie sich in den Kastendeckel. Mithilfe der Angel fischen sie eine Wäscheklammer als Fisch heraus und stecken sich diese an. Sie steigen wieder über den anderen kleinen Kasten heraus.

1.7 Im wilden Westen

Station „Planwagenfahrt“

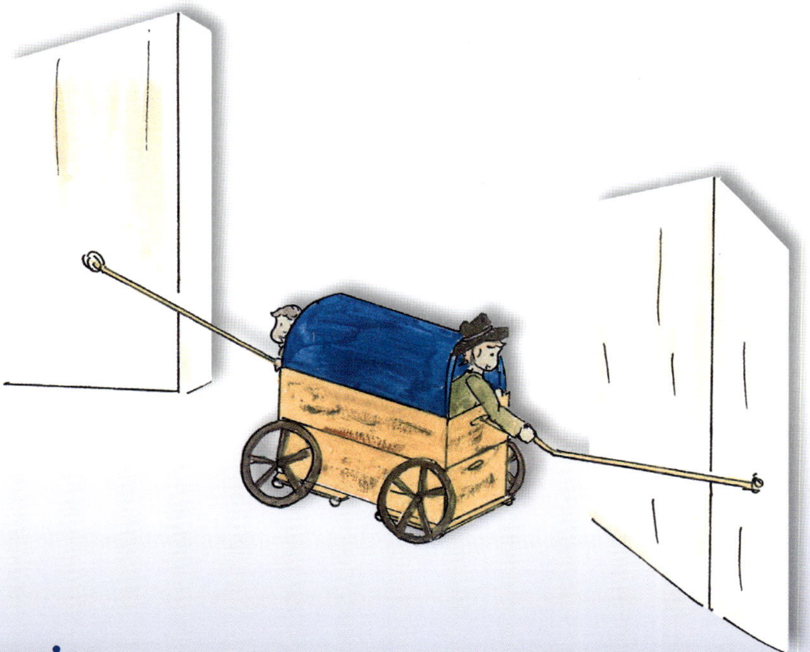

Material:

- 2 Rollbretter
- 1 Kastendeckel
- 1 Kasteninnenteil
- 1 Turnmatte
- 1 Ziehtau

Aufbauhinweis:

Zunächst werden die beiden Rollbretter auf den Boden gestellt, und der Kastendeckel wird mit der Lederseite darauf gelegt. In den Kastendeckel wird dann das Kasteninnenteil gesteckt und die Turnmatte hineingewölbt. Nun wird das Ziehtau an einer Wand befestigt, dann durch den Planwagen hindurchgeführt und mit dem 2. Ende ebenfalls an einer Wand ö. Ä. fixiert.

Station „Planwagenfahrt"

Förderung motorischer Grundtätigkeiten:

- Rutschen/Gleiten
- Schieben/Ziehen

Mögliche Bewegungsaufgaben:

Die Kinder setzen sich zu zweit oder zu dritt in den Planwagen und ziehen sich mithilfe des Taus von einem Ende zum anderen.

1.7 Im wilden Westen

Station „Indianer schleichen durch das Gras"

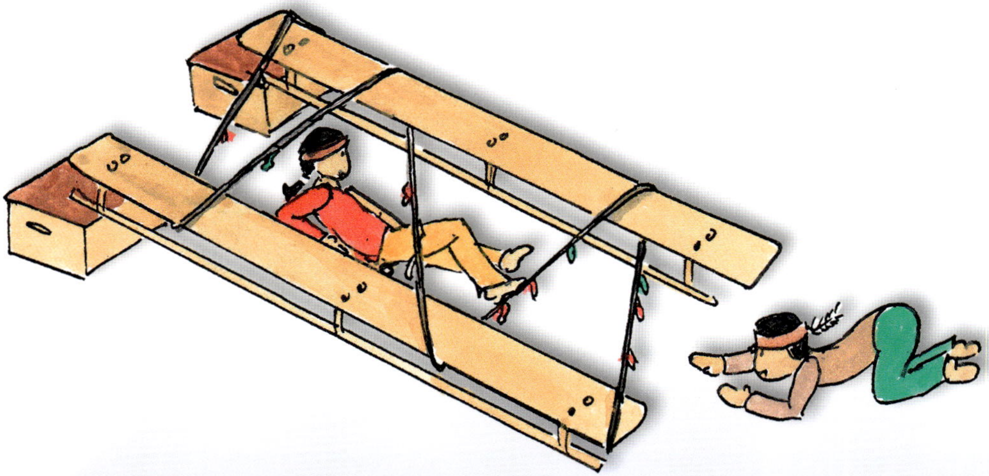

Material:

- 1 Rollbrett
- 2 kleine Kästen
- 2 Bänke
- 1 Zauberschnur
- Wäscheklammern

Aufbauhinweis:

Zunächst werden die beiden Kästen mit einem Abstand von ca. 60-80 cm aufgestellt. Darauf werden die Bänke gestellt, so dass diese eine Gasse bilden. Die Zauberschnur wird um die Bänke gespannt, und die Wäscheklammern werden daran befestigt. Jetzt wird noch das Rollbrett an die Kastenseite gestellt.

Station „Indianer schleichen durch das Gras"

Förderung motorischer Grundtätigkeiten:

- Rutschen/Gleiten

Mögliche Bewegungsaufgaben:

Die Kinder legen sich mit dem Rücken auf das Rollbrett und schieben sich mit dem Kopf vorweg durch die Bankgasse.
Sie fahren, so weit sie möchten, und ziehen dann vorsichtig eine Wäscheklammer ab. Diese stecken sie sich an und fahren wieder, diesmal mit den Füßen vorweg, aus der Bankgasse heraus.

1.8 Dschungelexpedition

Station „Dschungelbrücke“

Im Dschungel wird es sehr abenteuerlich, denn hier kommen wir nicht so einfach vorwärts. Der Dschungel ist dicht bewachsen und oft bleibt uns nur die Möglichkeit, uns durch Schwingen an den Lianen fortzubewegen. Aber selbst wenn wir das gut schaffen, sind dort manche Stellen so mit Schluchten durchzogen, dass nur kleine Brücken helfen, um weiterzukommen. Diese Brücken sind meist sehr schmal und auch extrem wackelig. Aber im Dschungel gibt es auch Wasserfälle. Da wir besonders mutig sind, fällt es uns auch nicht schwer, diese Wasserfälle nach unten zu springen. Das bringt viel Spaß und ist eine tolle Erfrischung in der Dschungelhitze. Seid Ihr bereit?

Material:

- 1 Ringpaar
- 1 Bank
- 5 Seile
- 1 Trapezstange
- 1 Barren
- 2 Kasteninnenteile
- 1 kleiner Kasten
- 1 Weichbodenmatte
- Turnmatten

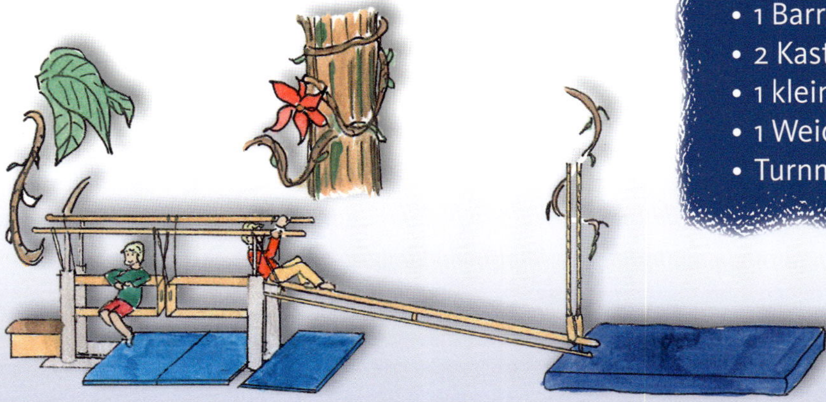

Aufbauhinweis:

Zuerst wird das Ringpaar herunter gelassen, und die Bank wird mithilfe der Trapezstange eingehängt. Die Weichbodenmatte wird unter das Ringpaar gelegt. An das andere Ende der Bank wird der Barren herangestellt und das andere Bankende wird mit dem Seil an die Holme geknotet. Die beiden Kasteninnenteile werden mithilfe der Seile quer in die Holmengasse geknotet. An das Ende des Barrens wird der kleine Kasten aufgestellt. Die Station wird mit Turnmatten abgesichert.

Station „Dschungelbrücke"

Förderung motorischer Grundtätigkeiten:

- Steigen/Klettern
- Stützen
- Gehen
- Krabbeln/Kriechen
- Springen

Mögliche Bewegungsaufgaben:

Die Kinder steigen über den kleinen Kasten, stützen durch den Barren, indem sie mit den Füßen auf den Kasteninnenteilen gehen können. Sie gehen, krabbeln oder ziehen sich über die Bank und springen am Ende in die Weichbodenmatte.

1.8 Dschungelexpedition

Station „Wasserfall"

Aufbauhinweis:

Zunächst wird die Sprossenwand ausgeklappt, und der Barren wird an einer Seite herangestellt. Der Barrenholm, der zur Sprossenwand zeigt, wird nach oben gestellt, und die Weichbodenmatte wird über den niedrigen Holm in die Holmengasse und bis an die Sprossenwand durchgeschoben. Nun wird der hohe Holm wieder so weit nach unten gestellt, dass dieser die Weichbodenmatte einklemmt. Auf der anderen Seite der Sprossenwand wird die Bank in eine obere Sprosse eingehängt. Die Station wird mit Turnmatten abgesichert.

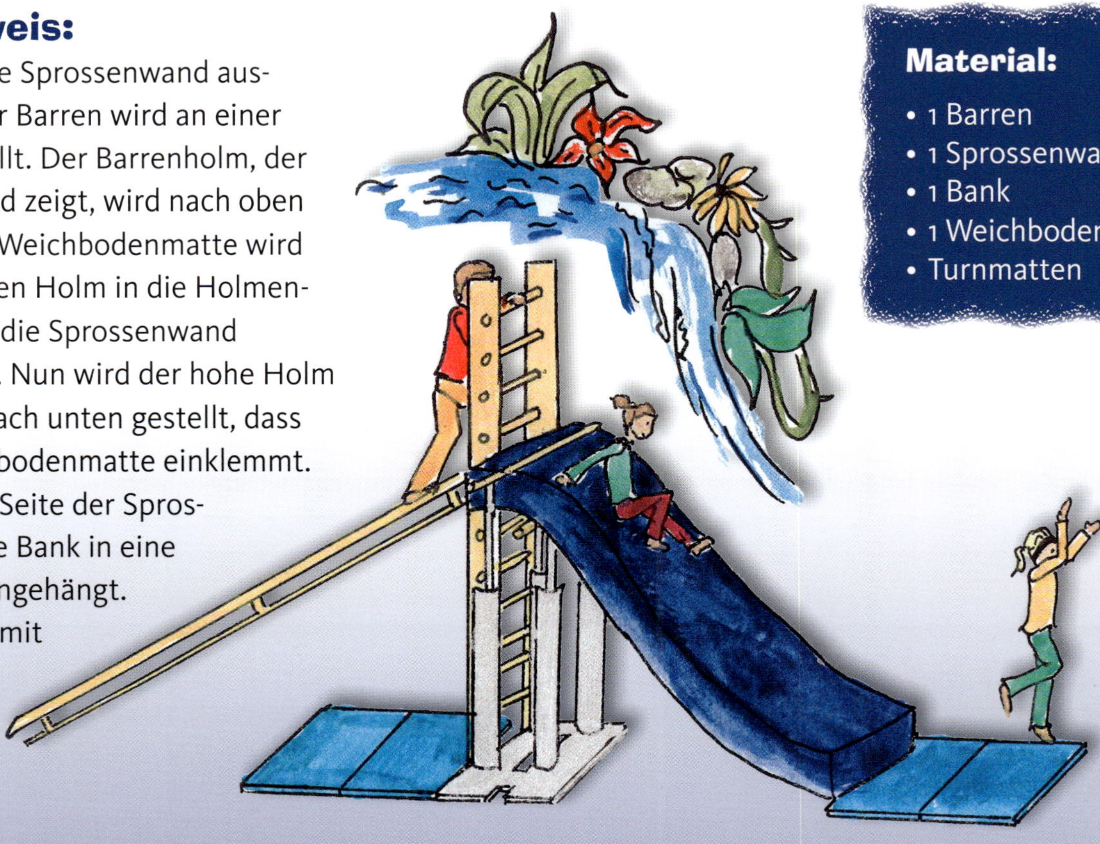

Material:

- 1 Barren
- 1 Sprossenwand
- 1 Bank
- 1 Weichbodenmatte
- Turnmatten

Station „Wasserfall"

Förderung motorischer Grundtätigkeiten:

- Gehen
- Steigen/Klettern
- Rutschen/Gleiten
- Rollen

Mögliche Bewegungsaufgaben:

Die Kinder gehen oder ziehen sich die Bank nach oben. Sie klettern über die Sprossenwand und rutschen oder rollen die Weichbodenmatte nach unten.

1.8 Dschungelexpedition

Station „Von Liane zu Liane“

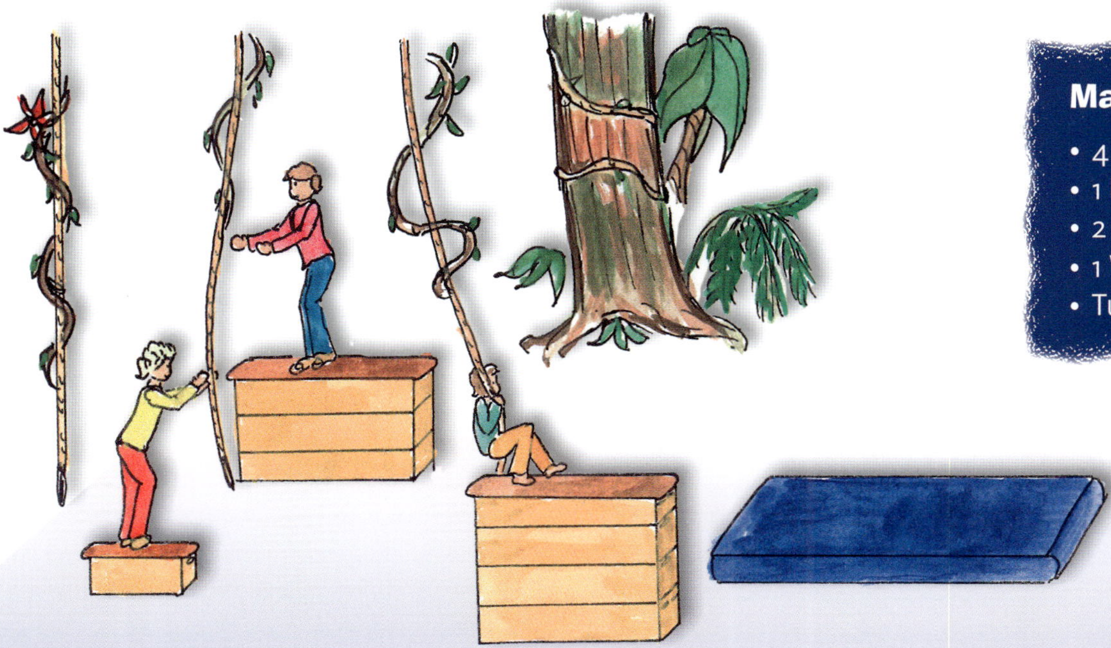

Material:

- 4 Taue
- 1 kleiner Kasten
- 2 große Kästen
- 1 Weichbodenmatte
- Turnmatten

Aufbauhinweis:

Die Taue werden herausgezogen und zwischen das erste und zweite Tau wird linksseitig der kleine Kasten aufgestellt. Der 3-tlg. Kasten wird rechtsseitig zwischen das zweite und dritte Tau, der 4-tl. Kasten linksseitig zwischen das dritte und vierte Tau aufgestellt. Die Weichbodenmatte wird an den Kasten angelegt. Die Station wird mit Turnmatten abgesichert.

Station
„Von Liane zu Liane"

Förderung motorischer Grundtätigkeiten:

- Schaukeln/Schwingen
- Springen

Mögliche Bewegungsaufgaben:

Die Kinder schwingen mithilfe des 1. Taus auf den kleinen Kasten. Von da greifen sie das 2. Tau und schwingen zum nächsten Kasten usw., bis sie am großen Kasten angekommen sind. Dort schwingen sie mithilfe des 4. Taus auf die Weichbodenmatte und springen ab.

Station „Abseilen aus dem Rettungshubschrauber"

Die Feuerwehr rettet Leben, kann Hausbrände löschen, fliegt mit dem Hubschrauber und wartet in der Station auf ihren nächsten Einsatz. Die Feuerwehrleute müssen immer topfit sein, um auch schnell und sicher helfen zu können. Dazu ist es natürlich nötig, dass sie zügig die Stangen in der Feuerwehrwache hinuntersausen, damit sie schnellstmöglich an der Einsatzstelle ankommen. Aber auch die Rettung aus der Luft ist nicht ganz einfach. Sie hängen an einer Strickleiter und müssen Menschen vor der Überschwemmung oder einem Brand retten. Na, glaubt Ihr, dass Ihr den Feuerwehrleuten helfen könnt?

Material:

- 1 Ringpaar
- 1 Strickleiter
- 2 Seile
- 1 kleiner Kasten
- Turnmatten
- Bohnensäckchen/ Tennisringe o. Ä.

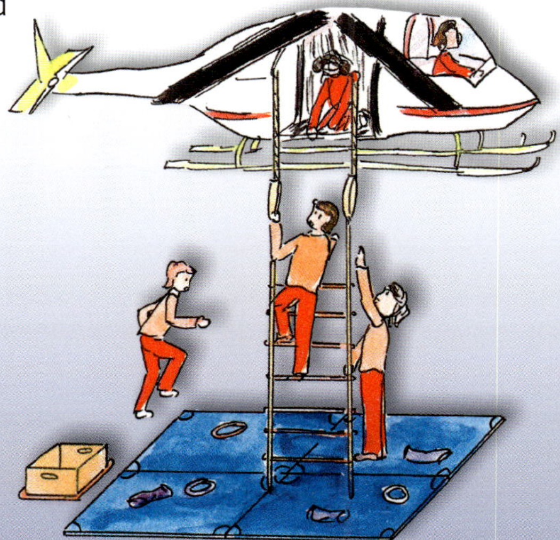

Aufbauhinweis:

Zuerst wird das Ringpaar herunter gelassen, und die Strickleiter wird mithilfe der Seile befestigt. Die Turnmatten werden darunter ausgelegt und der kleine Kasten wird umgedreht an den Rand einer Turnmatte aufgestellt. Die Bohnensäckchen und Tennisringe werden auf den Turnmatten verteilt.

Station „Abseilen aus dem Rettungshubschrauber"

Förderung motorischer Grundtätigkeiten:

- Steigen/Klettern
- Schaukeln/Schwingen

Mögliche Bewegungsaufgaben:

Die Kinder steigen an der Stickleiter nach oben, übersteigen sie und klettern auf der anderen Seite wieder nach unten. Dort steigen sie auf einer unteren Sprosse ein, so dass sie sich darauf setzen können. Sie schaukeln sich an und greifen mit einer Hand einen Gegenstand auf, den sie in den kleinen Kasten werfen.

1.9 Feuerwehr

Station
„Feuerwehr-Station“

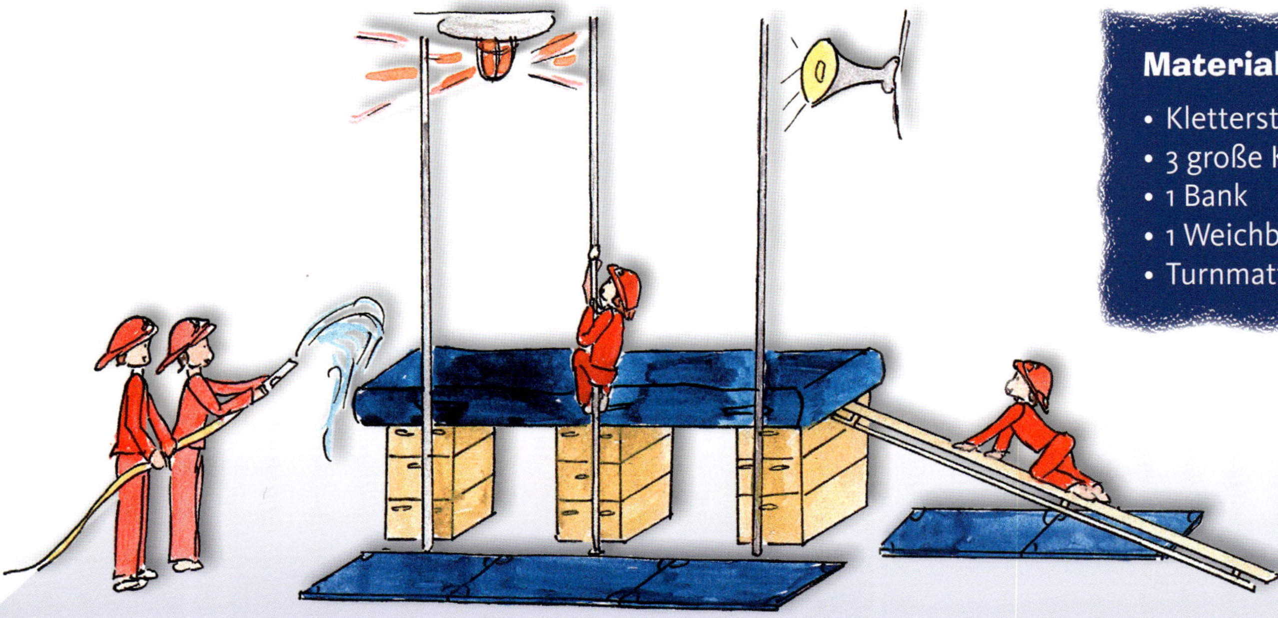

Material:

- Kletterstangen
- 3 große Kästen
- 1 Bank
- 1 Weichbodenmatte
- Turnmatten

Aufbauhinweis:

Die Kletterstangen werden herausgezogen und fixiert. Mit einem Abstand von ca. 1,5 m werden die 3 großen Kästen aufgestellt. Darauf wird die Weichbodenmatte gelegt. An einen Kasten wird die Bank eingehängt. Die Tunmatten werden zur Absicherung an den Kletterstangen und unter die Bankschräge gelegt.

Station „Feuerwehr-Station"

Förderung motorischer Grundtätigkeiten:

- Gehen
- Steigen/Klettern
- Hangeln

Mögliche Bewegungsaufgaben:
Die Kinder gehen oder ziehen sich die Bank nach oben.
Sie gehen auf der Weichbodenmatte bis zu einer Kletterstange und hangeln sich diese nach unten.

Alternative: Falls keine Kletterstangen in der Turnhalle zur Verfügung stehen, können diese durch Klettertaue ersetzt werden.

Station „Feuerwehrleiter hochsteigen“

Aufbauhinweis:

An die Sprossenwand wird an einer oberen Sprosse die Turnleiter eingehängt. Das andere Ende der Leiter wird an dem Barren befestigt, der längs zur Sprossenwand aufgestellt wird. In die Holmengasse werden die Seile geknotet. Mit einem weiteren Seil wird die Turnbank in das andere Ende der Holmengasse befestigt. Unter die Turnleiter wird die Weichbodenmatte gelegt, und die Turnmatten werden zur Absicherung in die Holmengasse und unter die Bankschräge gelegt.

Material:

- 1 Sprossenwand
- 1 Turnleiter
- 1 Barren
- 8 Seile
- 1 Bank
- 1 Weichbodenmatte
- Turnmatten

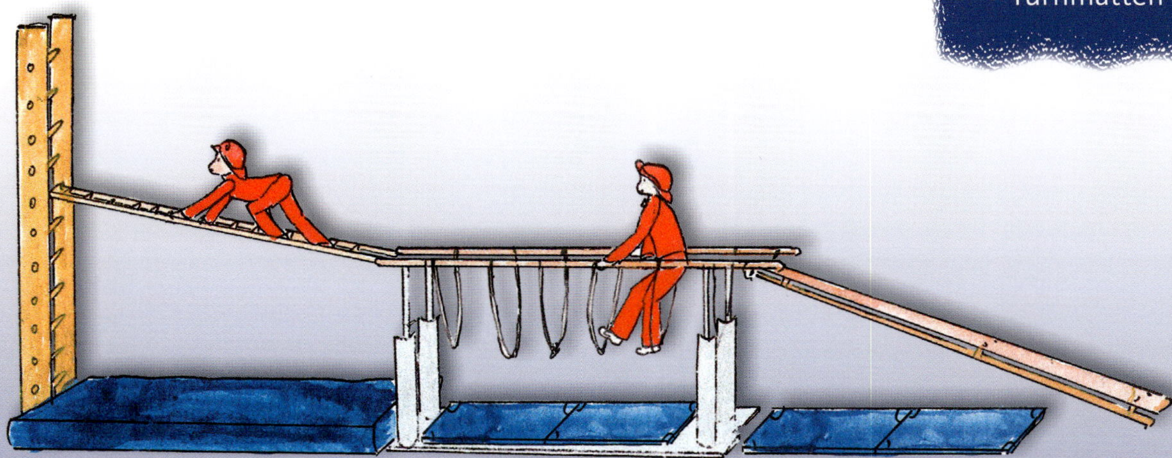

Station „Feuerwehrleiter hochsteigen“

Förderung motorischer Grundtätigkeiten:

- Gehen
- Ziehen/Schieben
- Steigen/Klettern
- Hängen/Stützen
- Springen

Mögliche Bewegungsaufgaben:

Die Kinder ziehen sich oder gehen die Bank nach oben.
Sie stützen sich über die Seile durch den Barren und klettern die Turnleiter nach oben. Sie steigen von der Sprossenwand nach unten oder springen auf die Weichbodenmatte herab.

1.10 Gespensterwesen

Station „Gespenster rutschen das Treppengeländer nach unten"

Im Herbst zieht der Nebel auf, es wird früher dunkel und die unheimlichen Wesen verlassen ihre Verstecke. Die Gespenster kommen nicht nur zur Mitternacht. Sie kommen auch in die Turnhalle, um diese zu erobern. Sie wollen fliegen, schweben, rutschen und noch viel mehr. Dazu nutzen sie die großen Geräte, die sie dort finden. Und nach der Gespensterstunde sind die kleinen Wesen wieder verschwunden. Wenn Ihr Glück habt, haben sie für Euch noch ein paar Geräte stehen gelassen. Also, auf was wartet Ihr? Lasst es spuken!

Material:

- 1 Barren
- 1 klappbare Weichbodenmatte
- Turnmatten

Aufbauhinweis:

Zuerst wird der Barren aufgestellt und dann die (klappbare) Weichbodenmatte wie ein Hausdach darauf gelegt. Dann wird die Station mit Turnmatten abgesichert.

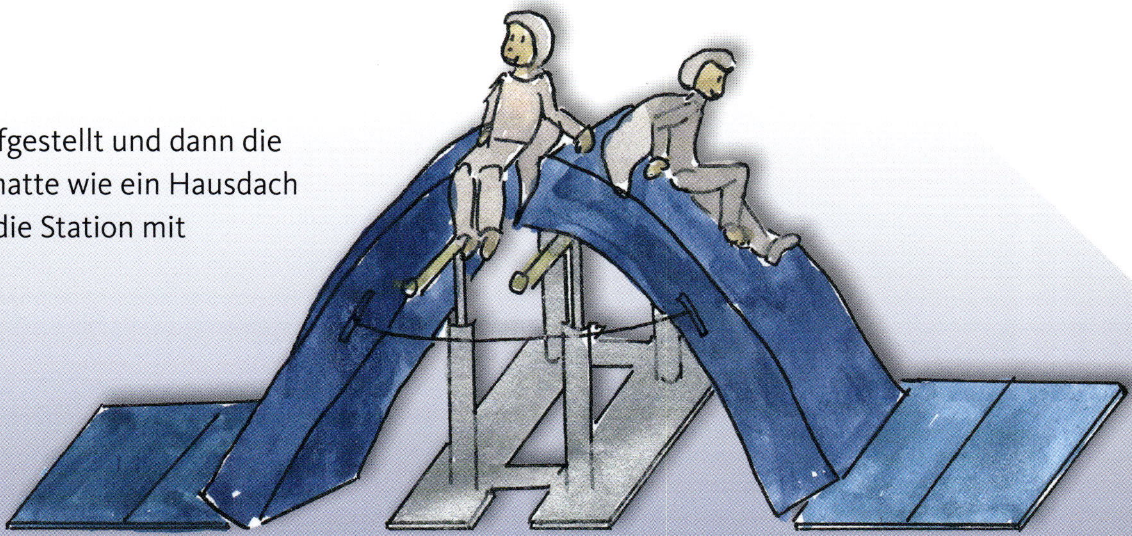

1.10 Gespensterwesen

Station „Gespenster rutschen das Treppengeländer nach unten"

Förderung motorischer Grundtätigkeiten:

- Klettern und Steigen
- Rutschen und Gleiten
- Rollen und Wälzen

Mögliche Bewegungsaufgaben:

Die Kinder steigen und klettern auf einer Seite hoch und rutschen oder rollen auf der anderen Seite nach unten.

1.10 Gespensterwesen

Station „Gespenster schweben über den Boden"

Aufbauhinweis:

Zuerst werden die beiden Kastendeckel in Abstand von ca. 3,5–4 m auf den Boden gelegt. Darauf wird je eine Seite des Minitrampolins aufgestellt, so dass das Minitrampolin schräg steht. Darauf wird nun die Bank mit der breiten Seite auf das Sprungtuch aufgelegt. Die Bank wird mithilfe von 2 Seilen an den Minitrampolinen festgebunden. Unter der Bank werden Turnmatten gelegt.

Material:

- 2 Kastendeckel (oder Stepbretter)
- 2 Minitrampoline
- 1 Bank
- 2 Gymnastikseile
- Turnmatten zur Absicherung

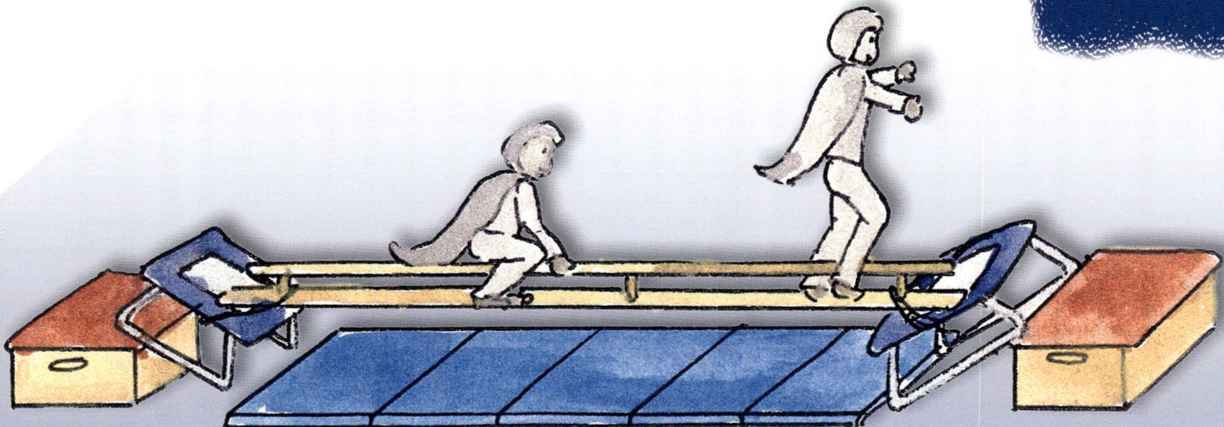

Station „Gespenster schweben über den Boden"

Förderung motorischer Grundtätigkeiten:

- Gehen und Laufen
- Hüpfen und Springen

Mögliche Bewegungsaufgaben:

Die Kinder steigen auf die Bank und gehen auf der breiten Seite darüber.

Station „Gespenster auf der Zugbrücke"

Aufbauhinweis:

Zuerst wird der Barren aufgestellt. In die Holmengasse wird die Turnleiter gestellt und zunächst mit 3–4 Seilen an einem Barrenholm festgeknotet. Dann wird die Leiter mit den weiteren Seilen an den anderen Barrenholm festgeknotet, so dass sie waagerecht in der Holmengasse schwingen kann. Die kleinen Kästen werden an den Anfang und das Ende der Turnleiter aufgestellt. Mit den Turnmatten wird alles abgesichert.

Material:

- 1 Barren
- 2 kleine Kästen
- 1 Turnleiter
- 6–8 Gymnastikseile
- Turnmatten zur Absicherung

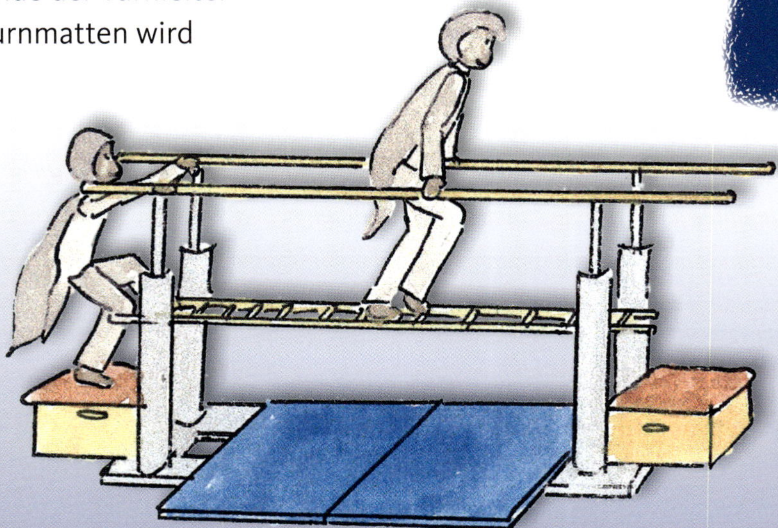

Station „Gespenster auf der Zugbrücke"

Förderung motorischer Grundtätigkeiten:

- Gehen und Laufen
- Hängen und Stützen
- Schaukeln und Schwingen
- Krabbeln und Kriechen
- Steigen und Klettern

Mögliche Bewegungsaufgaben:

Die Kinder steigen auf den kleinen Kasten und gehen oder krabbeln über die Leiter und steigen am anderen Ende wieder über den Kasten hinab.

1.11 Baustelle

Station „Sandgrube“

Heute seid Ihr als Bauarbeiter gefragt. Die Turnhalle hat sich in eine große Baustelle verwandelt und es steht ein Gerüst, auf dem Ihr Euch sicher bewegen müsst und nicht das Gleichgewicht verlieren dürft. Dann ist auch noch eine große Sandgrube aufgeschüttet, über die Ihr sicher kommen müsst. Außerdem wartet noch der Kran auf Euch. Hier sind gute Kranführer gefragt, die geschickt damit umgehen können. Aber auch die Kabeltrommeln sind nicht ganz ungefährlich. Sie bewegen sich schon bei der kleinsten Berührung und fordern Euer Geschick.

Material:

- 1 Bank
- 1 3-tlg. Kasten (ohne Deckel)
- 1 Weichboden
- 1 Turnmatte (eingewölbt in offenen Kasten)
- 1 Bett- oder Kissenbezug
- Luftballons und/oder Softbälle für den Bettbezug
- Turnmatten zum Absichern

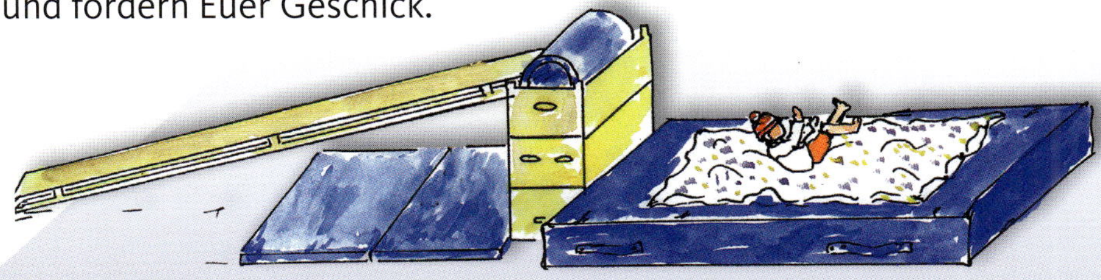

Aufbauhinweis:

Zuerst wird der Kasten gestellt und der Deckel abgenommen. Nun wird die Turnmatte in den offenen Kasten gewölbt eingesetzt und die Bank mit dem Holzhaken an der Kastenseite eingehängt. Die Weichbodenmatte wird direkt an den Kasten angelegt und der gefüllte Bettbezug darauf gelegt. Unter die eingehängte Bank werden zwei Turnmatten, beginnend am Kasten, gelegt.

1.11 Baustelle

Station „Sandgrube"

Förderung motorischer Grundtätigkeiten:

- Gehen/Balancieren
- Gleiten/Rutschen
- Springen/Hüpfen

Mögliche Bewegungsaufgaben:

Die Kinder gehen über die Bank, steigen über den Kasten und springen in den gefüllten Bettbezug (Sand).
Die Kinder ziehen sich auf dem Bauch liegend die Bank hinauf, stellen sich auf die eingewölbte Matte und springen in den gefüllten Bettbezug.

Hilfestellung (falls erforderlich):

Die Erwachsenen halten die Kinder, während diese die Bank nach oben gehen, von hinten an den Hüften oder leicht unter den Achseln.

1.11 Baustelle

Station „Kabeltrommeln"

Aufbauhinweis:

Zuerst werden die beiden Bänke parallel aufgestellt. An den Anfang und das Ende werden zwei kleine Kästen in den Zwischenraum gestellt. Die Pezzibälle werden in den restlichen Zwischenraum gelegt und Bänke und kleine Kästen werden so aneinander geschoben, dass sich die Pezzibälle nicht mehr bewegen, sondern eingeklemmt sind.

Material:

- 2 Bänke
- 2 kleine Kästen
- 3 Pezzibälle oder Hüpfbälle

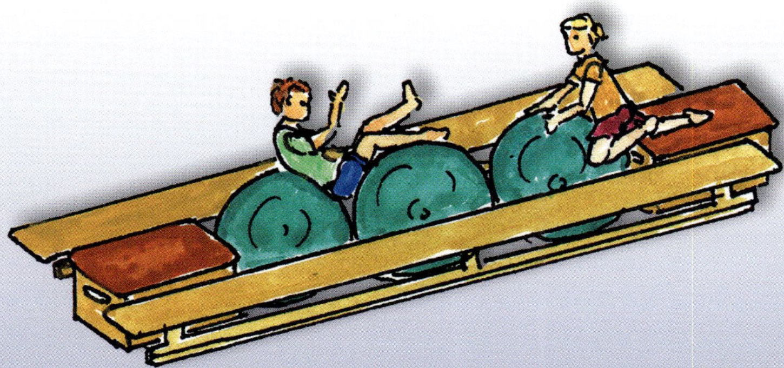

1.11 Baustelle

Station „Kabeltrommeln“

Förderung motorischer Grundtätigkeiten:

- Steigen/Klettern
- Hängen/Stützen
- Kriechen/Krabbeln
- Wälzen/Rollen
- Hüpfen/Springen
- Gehen/Balancieren

Mögliche Bewegungsaufgaben:

Die Kinder krabbeln über die Pezzibälle hinüber.

Die Kinder wälzen sich um die Längsachse über die Pezzibälle.

Die Kinder legen sich mit dem Bauch auf den Pezziball und stützen sich mit den Händen auf der Bank ab und wippen auf und ab.

Die Kinder knien oder stellen sich auf einen Pezziball und hüpfen darauf.

Die Kinder gehen über die Pezziballreihe.

Hilfestellung:

Beim Krabbeln halten die Erwachsenen die Hüfte des Kindes fest.

Beim Wälzen unterstützen die Erwachsenen die Bewegung, indem sie je an eine Schulter und Hüfte fassen und das Kind leicht rollen.

Das Wippen auf dem Pezziball wird von hinten an den Hüften unterstützt.

Beim Hüpfen und Gehen halten die Erwachsenen die Kinder unter den Achseln. Hierzu stehen die Erwachsenen am besten selbst auf den Bänken hinter dem Kind.

1.11 Baustelle

Station „Kran"

Aufbauhinweis:

Die Reckanlage wird aufgebaut und die Reckstange weit oben befestigt. Die Fahrradreifen werden mit den Seilen in unterschiedlichen Höhen an die Reckstange geknotet.

Knoten: Kreuzknoten oder Rundtörn mit zwei halben Schlägen.

Unter die Reckanlage werden Turnmatten gelegt.

Material:

- 1 Reckanlage mit Stange
- 4–6 Fahrradreifen
- 4–6 Seile
- 2 Turnmatten

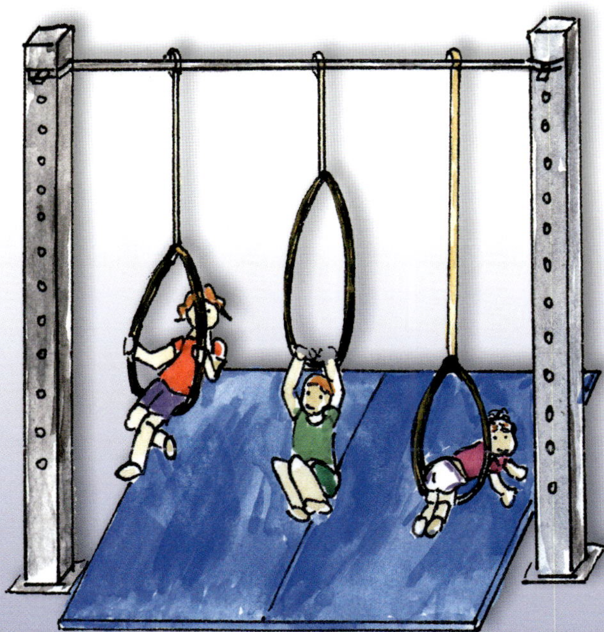

1.11 Baustelle

Station „Kran"

Förderung motorischer Grundtätigkeiten:

- Steigen/Klettern
- Schaukeln/Schwingen
- Hängen/Stützen

Mögliche Bewegungsaufgaben:

Die Kinder steigen durch die Reifen; entweder vorwärts, seitwärts oder rückwärts. Die Kinder machen Hocksprünge durch die Reifen. Die Kinder setzen sich in einen Reifen und schaukeln hin und her. Die Kinder steigen von einem Reifen in den nächsten.

Hilfestellung:

Die Erwachsenen halten die Kinder unter den Achseln von hinten, wenn sie durch die Fahrradreifen steigen.
Bei den Hocksprüngen halten die Eltern von der Seite einen Arm unter die Brust und einen unter die Hüften.
Das Schaukeln wird mit der Hand auf dem Rücken unterstützt.

Station „Weihnachtsgebäck aus dem Ofen holen"

In der Adventszeit bereiten wir uns auf Weihnachten vor. Es wird kalt draußen und drinnen werden duftende Plätzchen gebacken, jeden Sonntag wird eine weitere Kerze angezündet, dann wird bald der Weihnachtsbaum geschmückt und in manchen Ländern kommt dann endlich der Weihnachtsmann und bringt die Geschenke durch den Schornstein. Auch in der Turnhalle können wir uns auf Weihnachten freuen und erleben die Vorbereitungen ganz bewegt.

Material:

- 2 Sprungbretter
- 1 Bank
- 2 Turnmatten
- 4–8 Putzschwämme
- 1 Fliegenklatsche

Aufbauhinweis:

Zuerst werden die beiden Sprungbretter mit der hohen Seite aneinander gelegt. Darauf wird die Turnbank mit der breiten Seite mittig aufgelegt. Unter die Bankenden werden die Matten ausgelegt. Auf einer Seite werden die Putzschwämme sowie die Fliegenklatsche gelegt.

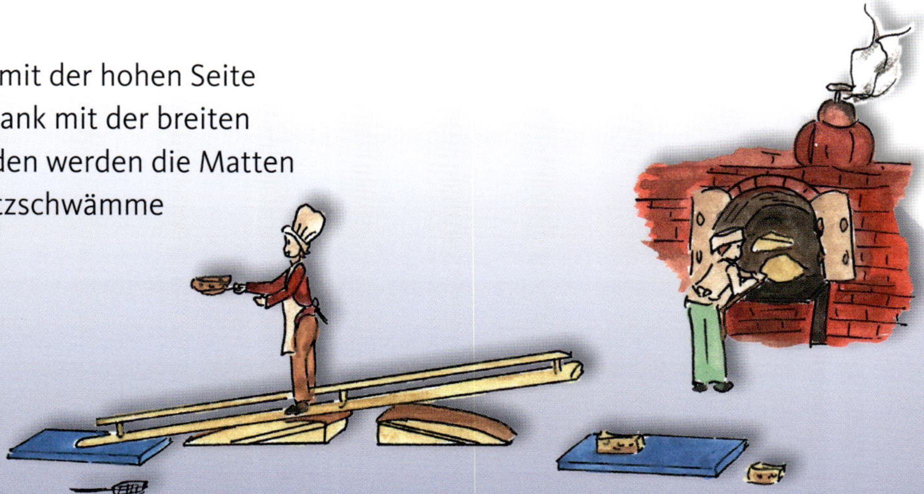

Station „Weihnachtsgebäck aus dem Ofen holen"

Förderung motorischer Grundtätigkeiten:

- Gehen/Balancieren

Mögliche Bewegungsaufgaben:

Die Kinder nehmen sich die Fliegenklatsche und legen einen Putzschwamm darauf. Sie gehen über die Bank, auf der schmalen oder breiten Seite, und balancieren dabei den Schwamm auf der Fliegenklatsche hinüber.

Station „Adventskranzkerzen anzünden"

Aufbauhinweis:

Zuerst wird das Tau herausgezogen und die 4 Abflussrohre werden in einem Abstand von ca. 2–3 m um das Tau herumgestellt.
Auf einer Seite werden die 4 Bälle und das Rollbrett hingelegt.

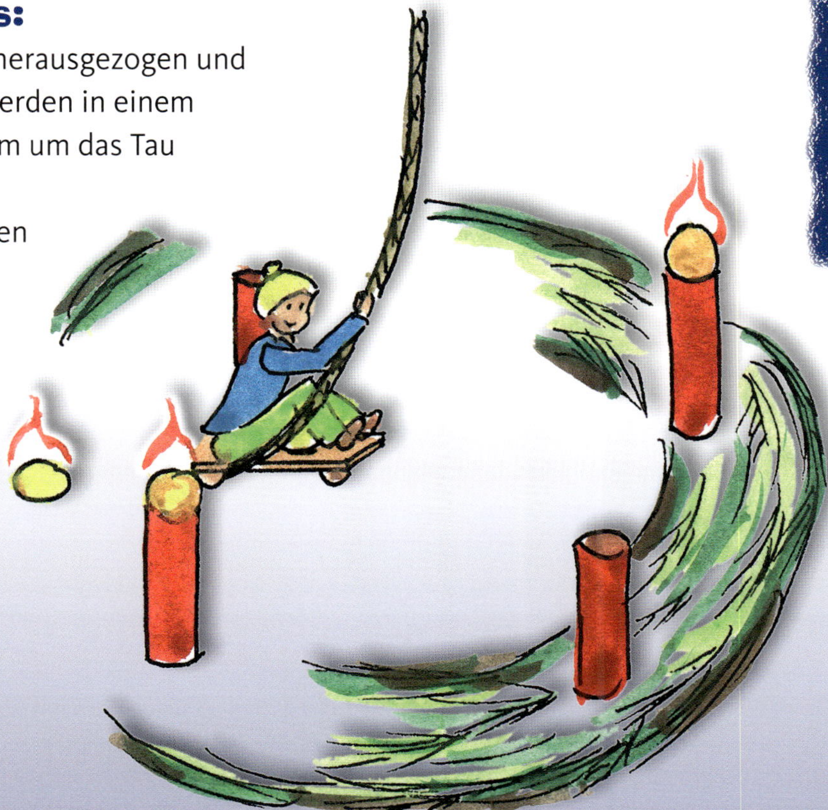

Material:

- 1 Schwingtau
- 4 Abflussrohe
- 4 Softbälle
- 1 Rollbrett

Station „Adventskranzkerzen anzünden"

Förderung motorischer Grundtätigkeiten:

- Rutschen und Gleiten

Mögliche Bewegungsaufgaben:

Die Kinder setzen sich auf das Rollbrett im Schneidersitz und legen sich einen Ball auf. Sie ziehen sich mithilfe des Taus zu einem Abflussrohr und legen den Softball auf. Sie wiederholen das so lange, bis alle 4 Bälle auf den Abflussrohren liegen.

Station „Weihnachtsbaum schmücken"

Aufbauhinweis:

Zuerst wird der große Kasten aufgestellt und von einer Seite wird die Turnbank auf die kurze Seite aufgelegt. Auf der anderen Seite wird der kleine Kasten aufgestellt und davor die beiden Slalomstangen. Daran wird das Seil befestigt. Die Jongliertücher und Wäscheklammern werden auf den kleinen Kasten gelegt.

Material:

- 1 Bank
- 1 großer Kasten
- 1 kleiner Kasten
- 2 Slalomständer
- 1 Seil
- Jongliertücher
- Wäscheklammern

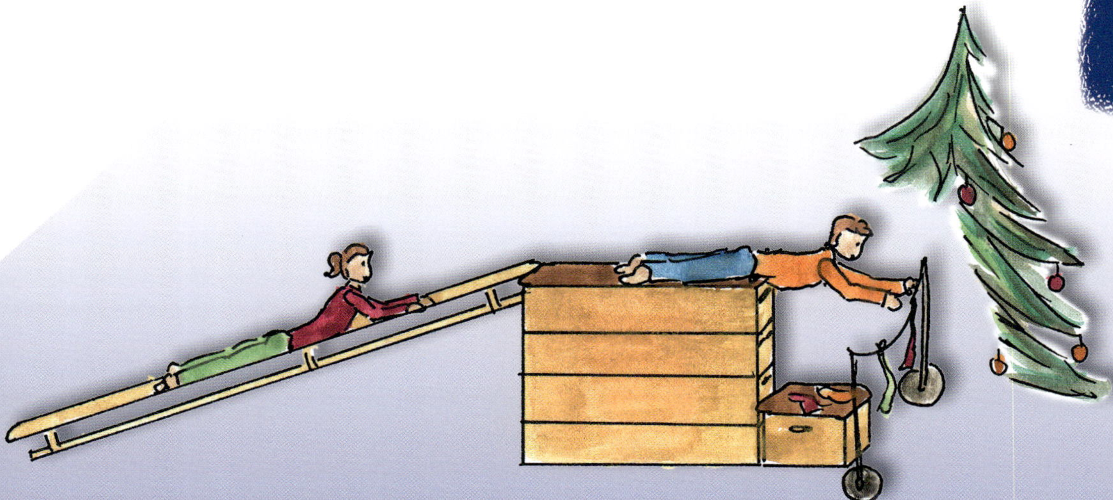

Station „Weihnachtsbaum schmücken"

Förderung motorischer Grundtätigkeiten:

- Rutschen/Ziehen

Mögliche Bewegungsaufgaben:

Die Kinder ziehen sich die Bank hinauf bis zum Kasten. Dort greifen sie ein Jongliertuch und eine Wäscheklammer und befestigen dies an dem Seil.

Station „Geschenke in den Schornstein werfen"

Aufbauhinweis:

Zuerst wird das Ringpaar herunter gelassen und ein kleiner Kasten wird ca. 2 m vom Ringpaar aufgestellt. Der andere wird umgedreht auf die andere Seite vom Ringpaar aufgestellt. Auf den ersten kleinen Kasten werden der Tennisring und darauf der Softball gelegt. Die Turnmatten werden unter dem Ringpaar zur Absicherung ausgelegt.

Material:

- 1 Ringpaar
- 2 kleine Kästen
- 1 Softball
- 1 Tennisring
- Turnmatten zur Absicherung

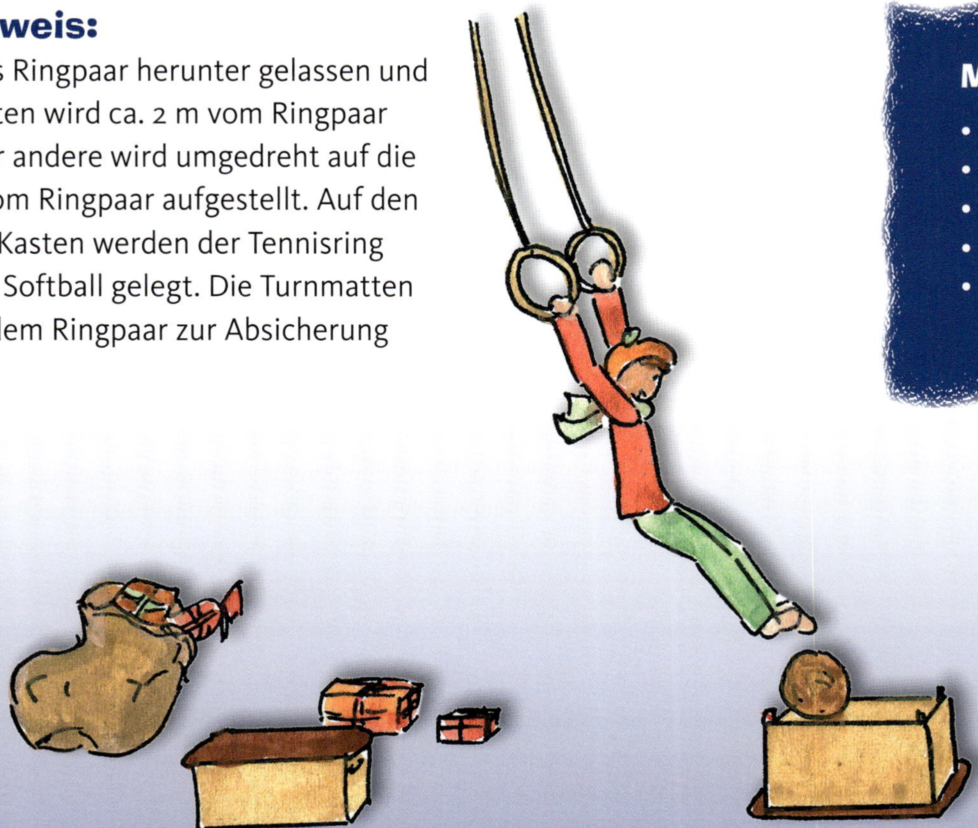

Station „Geschenke in den Schornstein werfen"

Förderung motorischer Grundtätigkeiten:

- Hängen und Stützen
- Schaukeln und Schwingen

Mögliche Bewegungsaufgaben:

Die Kinder klemmen sich den Softball zwischen die Füße und schwingen mithilfe des Ringpaares hinüber zum umgedrehten Kasten, wo sie den Ball hineinfallen lassen.

2. Spielparcours

Spielparcours bieten eine gute Möglichkeit, alle Kinder mit unterschiedlichen Übungen in Bewegung zu halten. Die meisten Parcours kommen mit wenigen Materialien aus, die zudem in jeder Halle vorhanden sind oder leicht von zu Hause mitgenommen werden können.
Kinder mögen Parcours sehr gerne, weil sie dann in Kleingruppen, häufig mit befreundeten Kindern aus der Gruppe oder Klasse, arbeiten können. Der berühmte Vorführeffekt bei Übungen, die vielleicht nicht auf Anhieb richtig funktionieren, bleibt aus. Aus diesem Grund gehen die Kinder hier aufgeschlossener und motivierter zur Sache.
Darüber hinaus ist je nach Dauer und Wiederholungen, deren Zahl die Lehrkraft/der Übungsleiter dem Leistungsniveau der Kinder selbst anpassen sollte, ein guter Trainingseffekt zu erzielen.

2.1 Parcours mit Alltagsmaterialien

Dieser Parcours zeichnet sich durch das Spielen mit alltäglichen Materialien aus, was Kinder sehr motiviert.
Die Durchführung kann vielfältig gestaltet werden. So können beispielsweise alle Stationen aufgebaut werden, und die Kinder durchlaufen sie frei und ohne Zeitvorgabe und spielen, so lange sie möchten.
Oder es wird nur eine Auswahl der Stationen aufgebaut und die Kinder spielen in Kleingruppen in einer bestimmten Zeit und wechseln dann an die nächste Station.
Die Organisation obliegt der Lehrkraft/dem Übungsleiter, der dies vom gewünschten Trainingseffekt abhängig machen sollte.

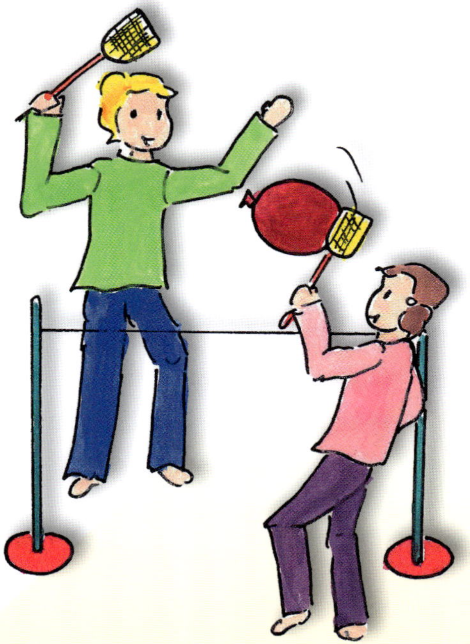

Aufbauhinweis:

Die beiden Slalomstangen werden mit einem Abstand von ca. 2 m aufgestellt und das Seil wird zwischen ihnen gespannt. Die anderen Materialien werden bereit gelegt.

Material:

- Slalomstangen
- 1 Seil
- 2 Fliegenklatschen
- 1 Luftballon

Bewegungsaufgabe:

Jedes Kind nimmt sich eine Fliegenklatsche. Sie spielen sich damit den Luftballon über das Seil zu.

Wie oft schafft Ihr es, ohne dass der Ballon zu Boden fällt oder unter dem Seil durchfliegt? Spielt doch auch mal mit der Fliegenklatsche in der anderen Hand!

Aufbauhinweis:

Das Tau wird fixiert und auf eine Seite wird das Rollbrett gestellt und auf die andere Seite das Abflussrohr, auf das der Softball aufgelegt wird.

Material:

- 1 Deckentau
- 1 Rollbrett
- 1 Abschlussrohr
- 1 Softball

Bewegungsaufgabe:

Das Kind setzt sich im Schneidersitz auf das Rollbrett, zieht sich mithilfe des Taus vorwärts zum Abflussrohr und greift dort den Ball auf.

Wie viele Versuche brauchst Du, um den Ball zu greifen, ohne das Abflussrohr dabei umzuwerfen?

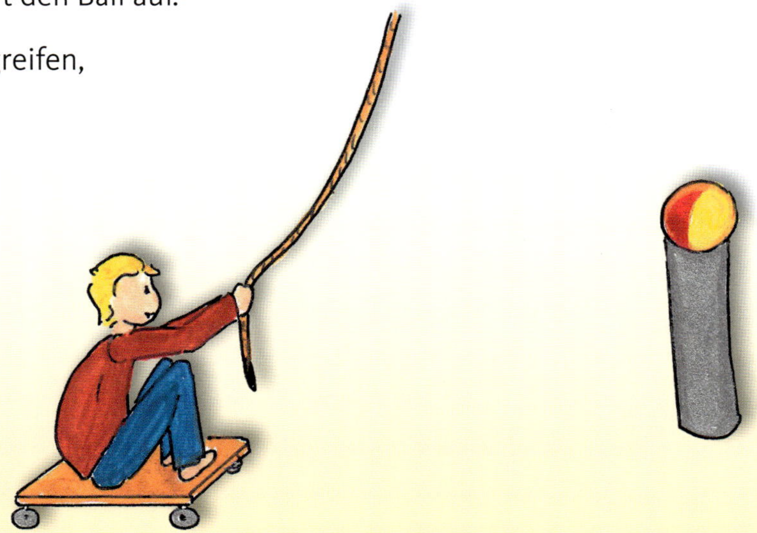

Station 3

Material:

- 1 Taschenlampe
- 1 Stück Transparentpapier
- 1 Gummiband

Aufbauhinweis:

Mithilfe des Gummibandes wird das Transparentpapier über die Taschenlampe gestülpt.

Bewegungsaufgabe:

Ein Kind leuchtet langsam eine „Lichtstrasse" auf dem Boden durch die Halle und der Partner muss dieser nachgehen. Danach Rollentausch.

Schaffst Du es, genau auf der Lichtstrasse zu gehen, ohne daneben zu treten?

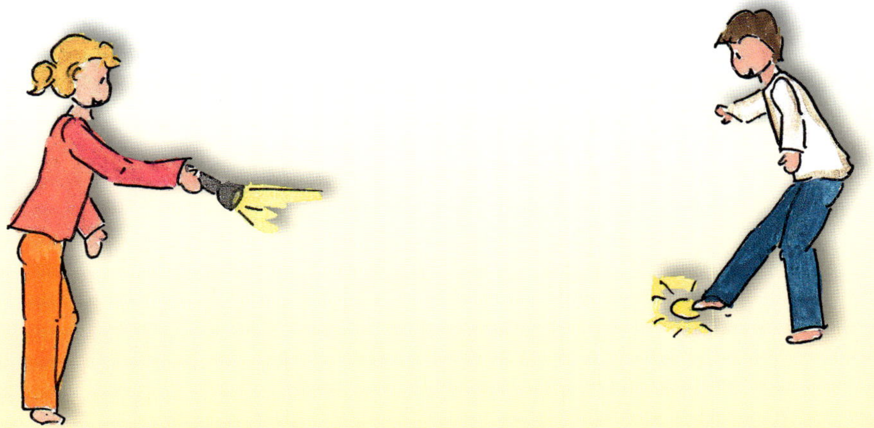

Station 4

Aufbauhinweis:

Die Materialien werden bereit gelegt.

Material:

- 2 Gymnastikstäbe
- 1 gut springender Ball

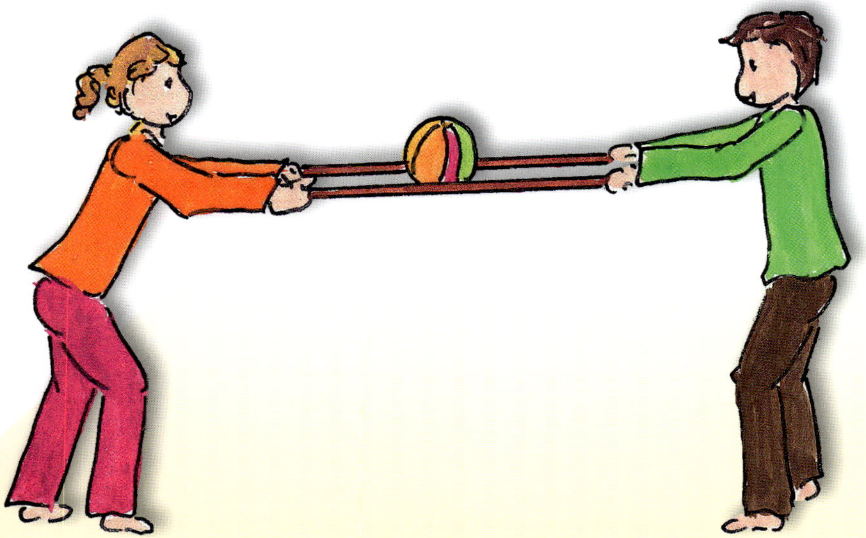

Bewegungsaufgabe:

Die Kinder fassen beide Stäbe jeweils am Ende und legen den Ball auf die Stäbe. Sie öffnen die Stäbe gleichzeitig, lassen den Ball auf den Boden prellen und fangen ihn mit den beiden Stäben wieder auf.

Wie oft schafft Ihr es hintereinander, den Ball nach einmal Aufprellen gleich wieder mit den Stäben einzufangen?

2.1 Parcours mit Alltagsmaterialien

Station 5

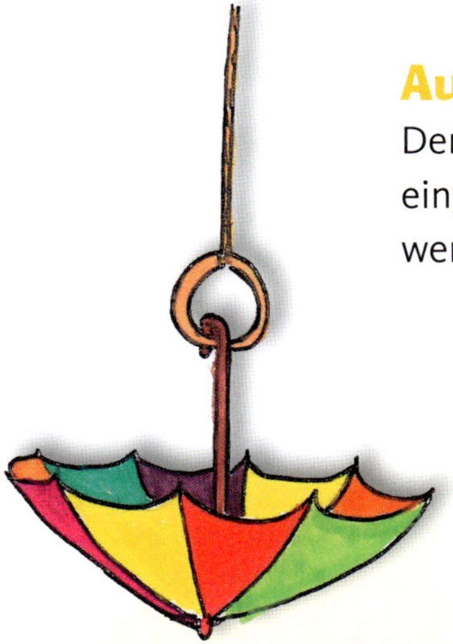

Aufbauhinweis:

Der aufgespannte Regenschirm wird in einen Ring eingehängt und ca. 3 m hochgezogen. Die Tennisbälle werden bereit gelegt.

Material:

- 1 Ringpaar
- 1 Regenschirm
- 5 Tennisbälle

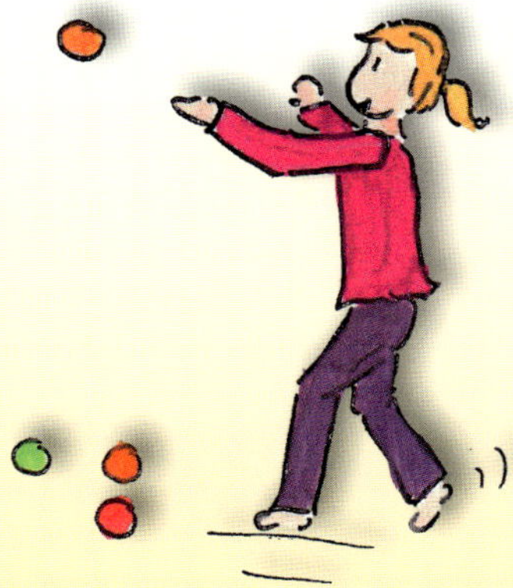

Bewegungsaufgabe:

Das Kind steht nah am Regenschirm und wirft nacheinander die Tennisbälle hinein.

Wie viele Tennisbälle kannst Du in den Regenschirm werfen? Versuche es auch einmal mit der anderen Hand!

Aufbauhinweis:

Mithilfe des Stiftes wird in den 20er-Eierkarton ein Weg vorgezeichnet. An den Anfang wird der Tischtennisball gelegt.

Material:

- 1 Eierkarton (20er)
- 1 Tischtennisball
- 1 wasserfester Stift

Bewegungsaufgabe:

Das Kind lässt den Tischtennisball ganz leicht hüpfen, so dass dieser immer von einem Loch in das nächste hüpft, so wie der Weg vorgezeichnet ist.

Schaffst Du den Weg, ohne dass der Ball in ein falsches Loch springt? Versuche den Weg auch wieder zurück!

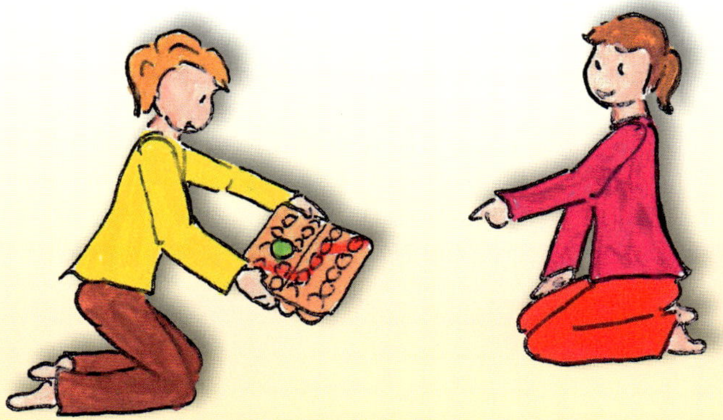

Aufbauhinweis:

Mithilfe des Klebebands werden 2 Linien im Abstand von ca. 3 m auf den Boden geklebt. Die Pumpe und die Feder werden an eine Linie gelegt.

Material:

- 1 Fahrradluftpumpe
- 1 Bastelfeder
- Klebeband

Bewegungsaufgabe:

Das Kind pustet die Feder mithilfe der Fahrradpumpe von der Start- bis zur Ziellinie.

Kannst Du die Feder auch so schnell anpusten, dass sie auf dem Weg zur Ziellinie nicht den Boden berührt?

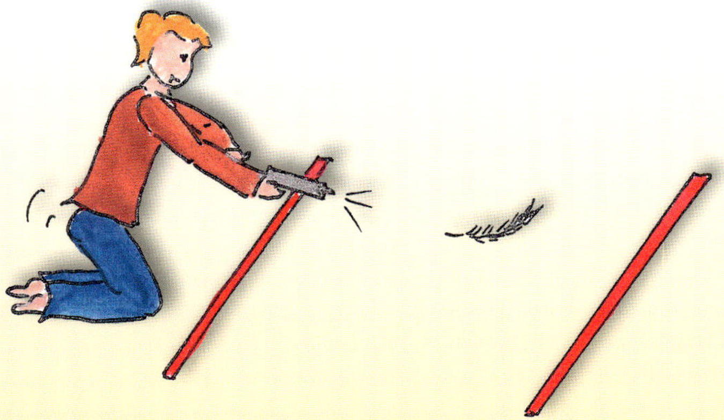

Station 8

Aufbauhinweis:

Der kleine Kasten wird mit der Lederseite auf den Boden gestellt. Die anderen Materialien werden in einem Abstand von ca. 2 m bereit gelegt.

Material:

- 1 kleiner Kasten
- 1 Handtuch
- 1 Wollknäuel

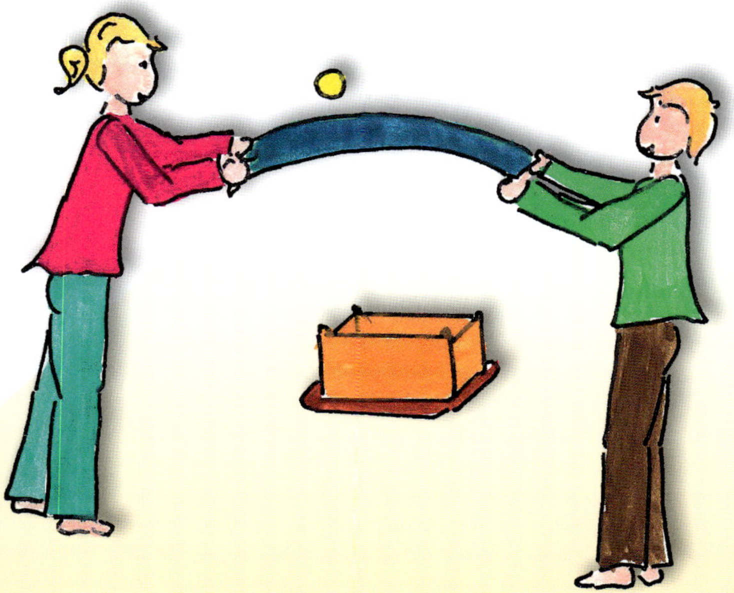

Bewegungsaufgabe:

Die Kinder greifen jeweils zwei Zipfel des Handtuchs und legen sich das Wollknäuel darauf. Sie spielen diesen gemeinsam in den kleinen Kasten.

Wie oft schafft Ihr es hintereinander, das Wollknäuel in den Kasten zu spielen?

Aufbauhinweis:

Das Ziehtau wird wellenförmig auf den Boden gelegt und an einem Ende werden Tennisball und Rollen bereit gelegt.

Bewegungsaufgabe:

Das Kind nimmt in jede Hand eine Papprolle und klemmt den Tennisball damit ein. So geht es über das Ziehtau.

Schaffst Du es, den Tennisball über das Tau zu transportieren, ohne ihn zu verlieren und ohne neben das Tau zu treten? Versuche es auch rückwärts!

Material:

- 1 Ziehtau
- 1 Tennisball
- 2 Toilettenpapierrollen

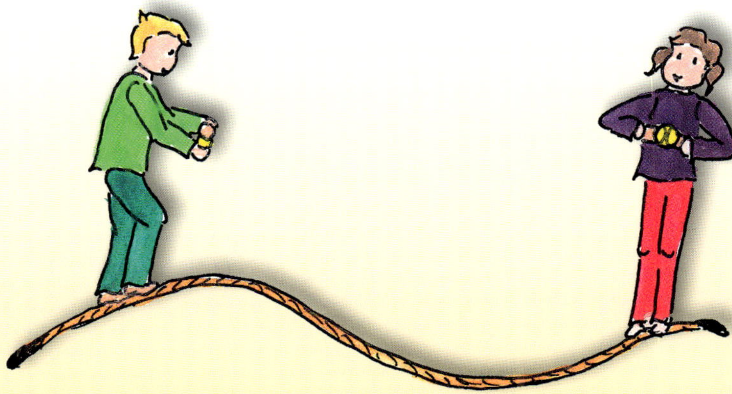

Aufbauhinweis:

Die beiden Slalomstangen werden mit einem Abstand von ca. 1 m zueinander aufgestellt, mit einem Seil verbunden und die Wäscheklammern daran gehängt. In ca. 5 m Entfernung dazu wird mithilfe des Klebebandes eine Markierung auf dem Boden angebracht. Hierhin werden die Stoppuhr, Handschuhe und Flossen gelegt.

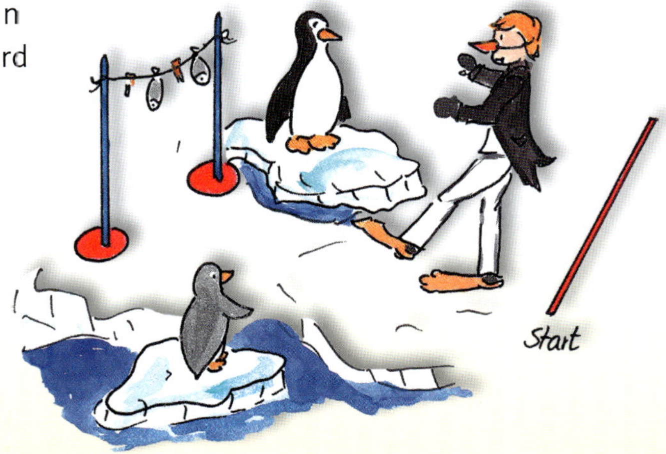

Material:

- 2 Slalomstangen
- 1 Seil
- 4 Wäscheklammern
- 1 Paar Boxhandschuhe
- 1 Paar Taucherflossen
- Klebeband
- 1 Stoppuhr

Bewegungsaufgabe:

Ein Kind zieht die Handschuhe und Flossen an und das andere bedient die Stoppuhr. Das erste Kind läuft los und zieht eine Wäscheklammer ab, läuft zu Startlinie und legt sie dort ab. Dies wiederholt es so oft, bis alle Klammern an der Startlinie liegen. Das andere Kind stoppt die Zeit, die dafür benötigt wird. Dann Rollentausch. Wie schnell schaffst Du es, die Klammern unter den erschwerten Bedingungen abzuziehen und einzusammeln?

Station 11

Aufbauhinweis:

Die Sitzbälle werden mit einem Abstand von ca. 3 m auf den Boden gelegt und die beiden Kreisel/Ballkissen davor. Der Teddybär wird bereit gelegt.

Material:

- 2 Sitzbälle
- 2 Kreisel oder Ballkissen
- 1 Teddybär

Bewegungsaufgabe:

Die Kinder setzen sich auf die Sitzbälle, stellen einen oder beide Füße auf den Kreisel und spielen sich den Teddybär zu.

Schafft Ihr es, den Teddy hin und her zu werfen, ohne mit den Füßen von dem Kreisel zu steigen?

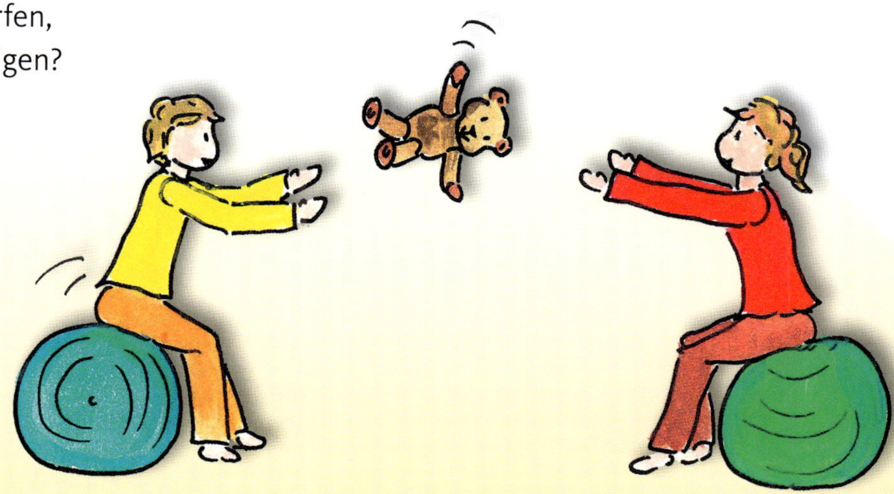

Station 12

Aufbauhinweis:

Der kleine Kasten wird aufgestellt und der Tennisring davor gelegt. In ca. 3 m Abstand wird aus den Dosen eine Pyramide aufgebaut.

Material:

- 1 kleiner Kasten
- 6 Blech- oder Cappuccinodosen
- 1 Tennis- oder Wurfring

Bewegungsaufgabe:

Ein Kind legt sich mit dem Bauch auf den kleinen Kasten und wirft mithilfe des Tennisrings auf die Pyramide. Das andere Kind stellt die stehen gebliebenen Dosen wieder zu einer Pyramide auf und reicht dem anderen Kind den Tennisring erneut. So lange wiederholen, bis alle Dosen umgeworfen sind. Während der ganzen Zeit dürfen die Füße nicht den Boden berühren! Dann Rollentausch.

Wie oft musst Du den Tennisring werfen, um alle Dosen zu treffen? Schaffst Du es vielleicht auch sogar, den Boden mit den Händen nicht zu berühren?

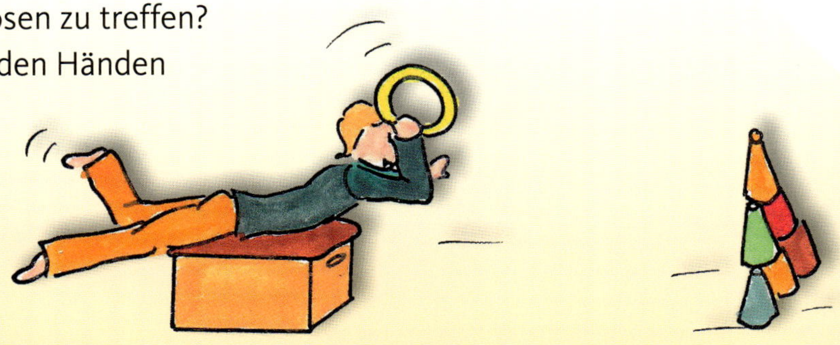

2.1 Parcours mit Alltagsmaterialien

Station 13

Material:

- 3 Waschmitteldosierhilfen
- 3 Jongliertücher
- 1 Wäscheklammer
- 1 Turn- oder Isomatte

Aufbauhinweis:

Die Turnmatte wird hingelegt und davor werden die Dosierhilfen aufgestellt. Dort hinein werden die Jongliertücher gestopft. Die Wäscheklammer wird auf die Turnmatte gelegt.

Bewegungsaufgabe:

Das Kind setzt sich auf die Turnmatte und hält die Wäscheklammer in einer Hand. Nun greift es mit den Füßen die erste Dosierhilfe auf und zieht mithilfe der Wäscheklammer das Jongliertuch heraus. Es stellt die Dosierhilfe wieder mit den Füßen ab und greift die nächste. So lange wiederholen, bis alle 3 Jongliertücher herausgeholt sind. Während der ganzen Zeit dürfen die Füße nicht auf dem Boden abgestellt werden.

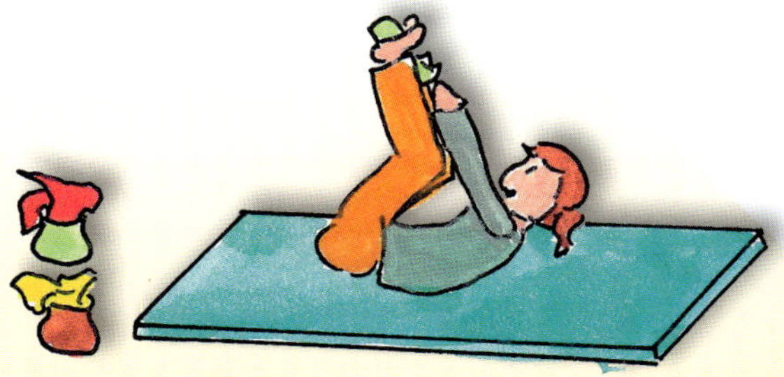

Schafft Du es, die Dosierhilfen zu leeren, ohne dass Du Deine Füße auf dem Boden ausruhst? Kannst Du es noch einmal versuchen und dabei die Wäscheklammer in die andere Hand nehmen?

Raum für eine eigene Station:

2.2 Rollbrettparcours „Monte Carlo Race“

Dieser Rollbrettparcours besteht aus 12 verschiedenen Stationen, wobei die Anzahl und die Anordnung auch variiert werden können.
Zur Durchführung sollten 4–6 Rollbretter und ebenso viele Stoppuhren zur Verfügung stehen, damit die Kinder zügig hintereinander starten können und nicht zu lange warten müssen.
Der Parcours wird paarweise gespielt: Ein Kind fährt und das andere stoppt die Zeit. Danach tauschen die Kinder die Rollen. Der Parcours wird auf den Bauch liegend durchfahren.
Da der Parcours je nach Zeit öfter durchfahren werden kann, bietet es sich an, die Zeiten der Kinder auf einem Zettel oder einer Tafel zu notieren, damit am Ende der Stunde die Bestzeit ermittelt werden kann.

2.2 Rollbrettparcours „Monte Carlo Race“

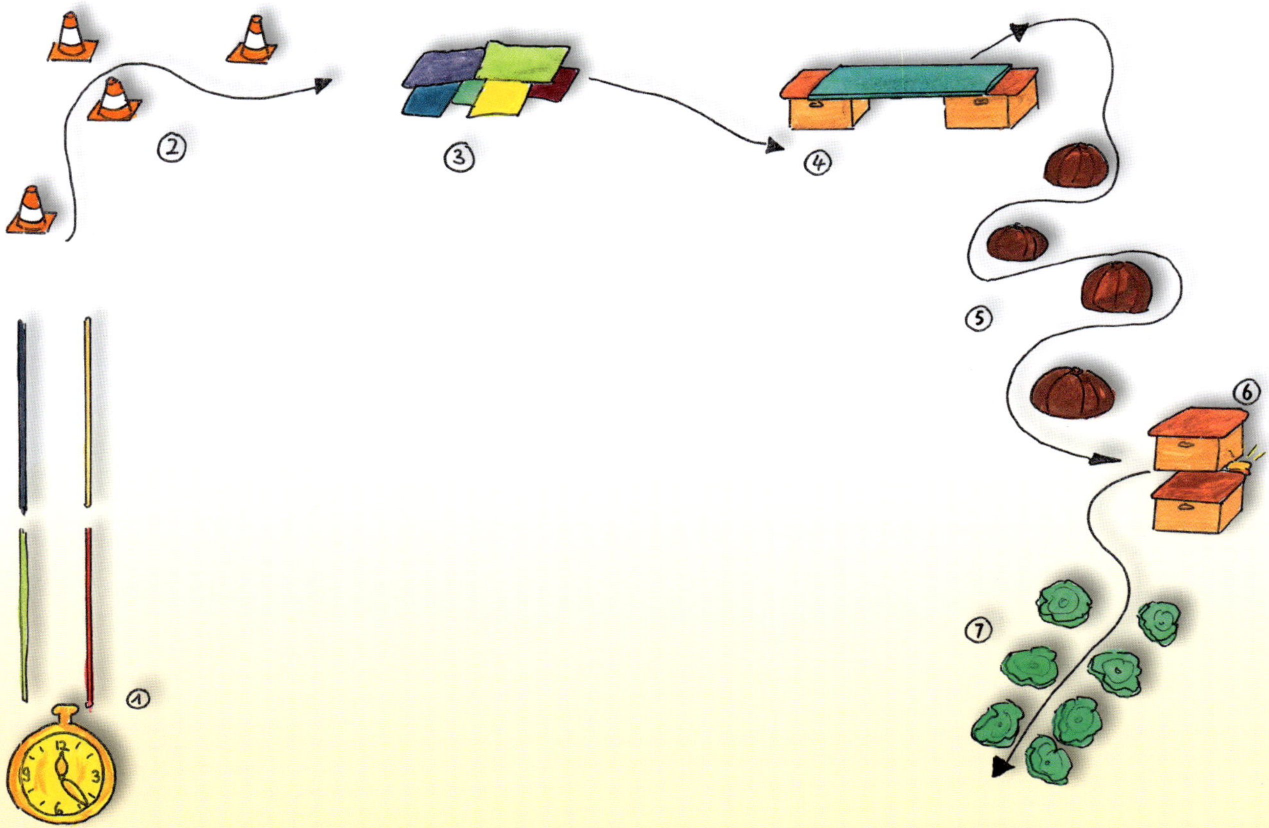

2.2 Rollbrettparcours „Monte Carlo Race“

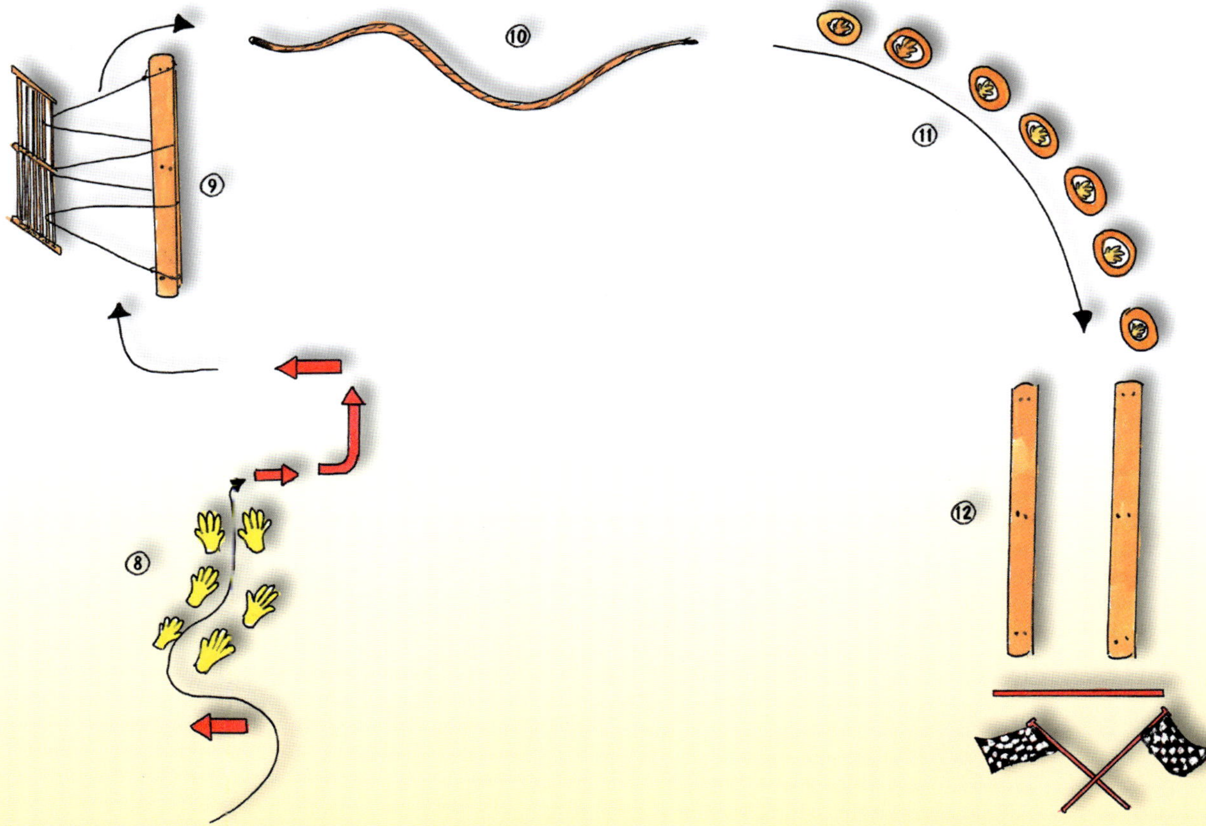

2.2 Rollbrettparcours „Monte Carlo Race"

Station 1 „Start"

Material:

- 4 Springseile

Aufbauhinweis:

Mithilfe der Seile wird eine Gasse auf dem Boden gelegt, die ca. 60 cm breit sein sollte.

Bewegungsaufgabe:

Fahre auf der Startstrecke gut gerade aus und nimm Tempo auf. Pass auf, dass Du nicht links und rechts in den Sand fährst, denn das bremst Dich sonst ab!

Station 2 „Slalom"

Material:

- 4–6 Hütchen

Aufbauhinweis:

Die Hütchen werden leicht versetzt als Slalomstrecke aufgestellt. Zwischen ihnen sollte ca. 1,5 m Platz bleiben.

Bewegungsaufgabe:

Umfahre die Hütchen auf der Slalomstrecke, doch denke daran, dass Du auch einen Kofferraum hast, der die Hindernisse nicht umwerfen darf! Also, Füße anziehen!

2.2 Rollbrettparcours „Monte Carlo Race“

Station 3 „Schikane“

Material:

- 10–15 Teppichfliesen

Aufbauhinweis:

Es werden immer 3–5 Teppichfliesen leicht überlappend aufeinander gelegt. So entstehen dann ca. 3–6 kleine Schikane-Hügel.

Bewegungsaufgabe:

Hier müsst Du kräftig Gas geben, damit Du die Schikane-Hügel überfahren kannst. Da ist Armeinsatz gefragt!

Station 4 „Tunnel“

Material:

- 2 kleine Kästen
- 1 Turnmatte

Aufbauhinweis:

Die beiden Kästen werden mit einem Abstand von ca. 1 m zueinander aufgestellt und mit der Turnmatte abgedeckt.

Bewegungsaufgabe:

Fahre sicher durch den Tunnel, aber bleibe weder mit Deinem Kopf noch mit Deinen Füßen daran hängen. Das kostet Dich sonst kostbare Zeit!

Station 5 „Hindernisse“

Aufbauhinweis:

Die Medizinbälle werden stark versetzt nebeneinander auf den Boden gelegt.

Material:

- 6 Medizinbälle

Bewegungsaufgabe:

Nun hast Du die Hindernisse vor Dir, die Du alle einmal umfahren musst, so ähnlich wie im Slalom, doch hier musst Du noch stärkere Kurven fahren. Wenn Du dicht an den Hindernissen vorbei fährst, kostet es Dich am wenigsten Zeit!

Station 6 „Boxenstopp“

Aufbauhinweis:

Die beiden kleinen Kästen werden mit einem Abstand von ca. 2 m zur Wand und mit ca. 1 m Abstand zueinander aufgestellt. Die Klingel oder Hupe wird an die Wand gelegt.

Material:

- 2 kleine Kästen
- 1 Klingel oder Hupe

Bewegungsaufgabe:

Die Hälfte der Strecke hast Du hier hinter Dir. Also Zeit für einen kleinen Wagen-Check. Fahre in die Boxengasse ein und drücke die Klingel, damit Du dann wieder rückwärts herausfahren kannst. Und weiter geht's!

Station 7 „Pfützen“

Aufbauhinweis:

Die Bälle werden nur mit ganz wenig Luft aufgepustet und verschlossen. Sie werden zu einer Gasse von ca. 60 cm Breite auf einer Länge von 3 m ausgelegt.

Bewegungsaufgabe:

Leider sind noch nicht alle Pfützen getrocknet und Du bleibst mit den Vorderrädern immer etwas in ihnen hängen. Also stoße Dich kräftig mit den Händen auf den Bällen ab!

Material:

- 8 Overbälle o. ä. Bälle, die man individuell mit Luft füllen kann, alternativ Ballkissen

Station 8 „Orientierung“

Aufbauhinweis:

Die Bodenmarkierungen werden frei ausgelegt.

Bewegungsaufgabe:

Hier musst Du Dir den Weg selbst heraussuchen. Fahre immer den Pfeilen und Markierungen nach. Hoffentlich behältst Du die Orientierung, sonst geht zu viel Zeit verloren.

Material:

- Einige Bodenmarkierungen wie Pfeile, Kurven oder Hände

Station 9 „Unterführung“

Aufbauhinweis:

Die Bank wird parallel zur Sprossenwand aufgestellt und die Zauberschnur dazwischen gespannt. Die Tücher werden an die Zauberschnur geknotet.

Material:

- 1 Bank
- 1 Zauberschnur
- 1 Sprossenwand
- einige Tücher

Bewegungsaufgabe:

Diese Unterführung hängt voll mit Spinnweben und anderen Dingen, die Dir etwas die Sicht versperren, aber nur Mut!

Station 10 „Kurven“

Aufbauhinweis:

Das Ziehtau wird wellenförmig auf den Boden gelegt.

Material:

- 1 Ziehtau

Bewegungsaufgabe:

Diese Kurven haben es in sich. Du musst die Räder Deines Wagens, jeweils 2 links und 2 rechts von dem Tau halten. So, dass das Tau direkt unter Deinem Wagen entlang läuft. Aber berühre das Tau besser nicht mit den Rädern – das bremst Dich aus!

Station 11 „Schleuderkurve“

Aufbauhinweis:

Die Reifen werden zu einer Bahn ausgelegt. In jeden Reifen werden abwechselnd eine linke und dann eine rechte Hand usw. hineingelegt.

Material:

- 7 Gymnastikreifen
- 7 Bodenmarkierungen, Hände

Bewegungsaufgabe:

Leider spielt deine Steuerung verrückt und Du kannst Deinen Wagen nicht mehr richtig steuern. Du musst dich immer mit der Hand aus dem Reifen abdrücken, die ausgelegt ist im Reifen. Da merkst Du richtig, wie Dein Wagen seitlich ausbricht!

Station 12 „Zielgerade“

Aufbauhinweis:

Die beiden Bänke werden parallel zueinander mit einem Abstand von ca. 1 m aufgestellt.

Material:

- 2 Bänke

Bewegungsaufgabe:

Hier kannst Du noch mal richtig Fahrt aufnehmen.
Gib alles, um Deine Zeit noch einmal zu verbessern.

2.3 Parcours „Hallen-Minigolf"

Diese 10 Spielstationen unter dem Thema Minigolf erfordern viel Geschicklichkeit, Kraftdosierung und Konzentration und machen einfach richtig viel Spaß. Sie kommen mit sehr wenig Material aus, und der Parcours kann auch gut über mehrere Wochen gespielt werden, so dass pro Stunde immer nur zwei oder drei Stationen aufgebaut werden.

Die Kinder gehen in Kleingruppen zusammen, und jedes Kind erhält einen Laufzettel (s. Rückseite dieser Karte) und Stift, so dass es seine benötigten Schläge eintragen kann. Es gibt keine Begrenzung der Schläge, sondern die Kinder spielen den Ball so lange, bis er in das Loch geht. Der Ball darf, soweit möglich, immer an der Stelle weitergespielt werden, wo er liegen geblieben ist.

Sind alle Kinder einer Kleingruppe an der Station fertig, geht die Gruppe an die nächste Station, bis alle Stationen durchlaufen sind.

Dieser Parcours eignet sich sehr gut als besondere Aktion in der Schule oder im Verein z. B. beim Sommerfest, zu Fasching oder beim Vereinsfest. Die Möglichkeiten, diese attraktiven Spielstationen einzusetzen, sind grenzenlos, auch was den Spaß und die Spielfreude betrifft.

Um alle Stationen werden immer gekippte Bänke, Taue, Seile, Gymnastikstäbe usw. gelegt oder auch an der Wand oder in der Ecke aufgebaut.

An jeder Station liegen dann noch ein Hockeyschläger und ein Tennisball, mit denen die Kinder spielen. Beginn ist immer auf der eingezeichneten Startlinie, beziehungsweise auch auf der Bank. Die Bälle werden immer in ein Loch im Hallenboden gespielt, in den ein großer Buttermilchbecher o. Ä. hineingesetzt wird.

2.3 Parcours „Hallen-Minigolf“

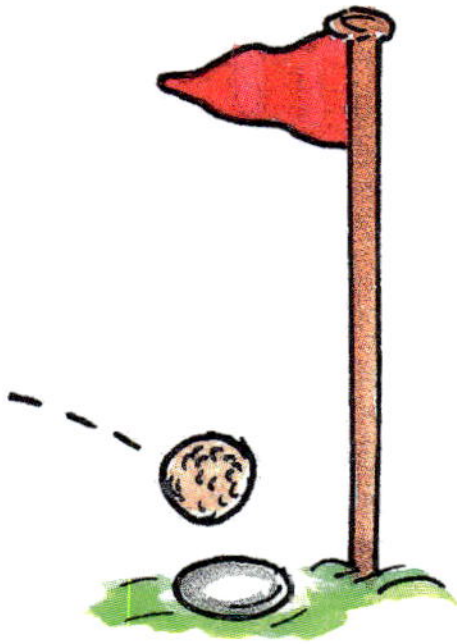

Laufzettel für

____

Station:	Benötigte Schläge:
1. Wellenbahn	________________
2. Schneebahn	________________
3. Röhrenbahn	________________
4. Wippenbahn	________________
5. Reifenbahn	________________
6. Rollbahn	________________
7. Hütchenbahn	________________
8. Zick- Zack- Bahn	________________
9. Tunnelbahn	________________
10. Loopingbahn	________________

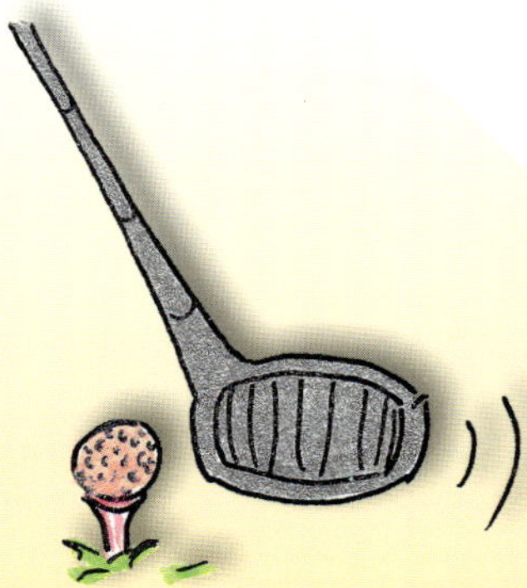

Station „Wellenbahn"

Material:

- 2 Sprungbretter
- 3 Isomatten
- Klebeband

Aufbauhinweis:

Die beiden Sprungbretter werden mit der hohen Seite aneinander gestellt und mit den Isomatten abgedeckt. Ca. 2 m entfernt wird mit Klebeband die Startlinie markiert.

Bewegungsaufgabe:

Beginne an der Startlinie und schlage den Ball über die Wellenbahn bis ins Loch.

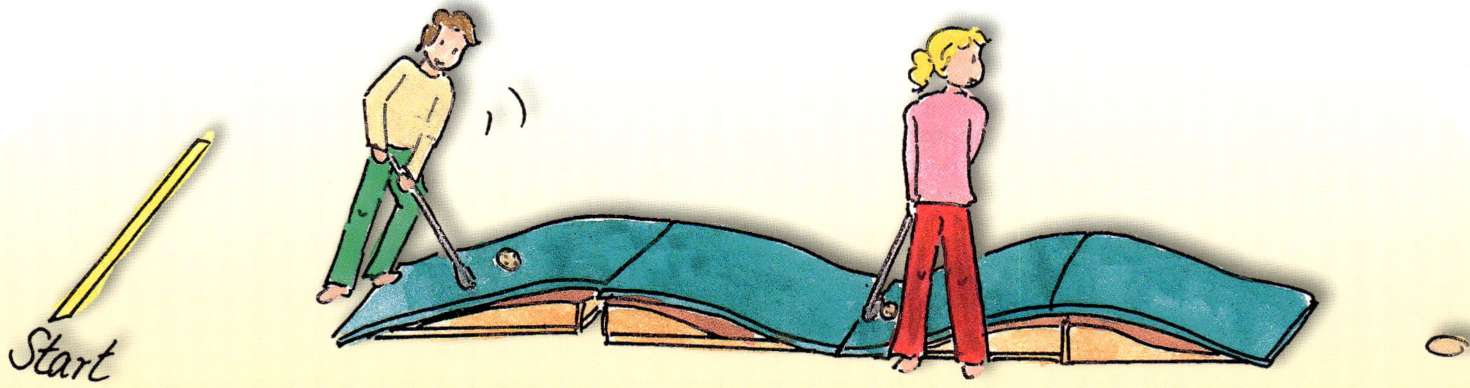

2.3 Parcours „Hallen-Minigolf"

Station „Schneebahn"

Aufbauhinweis:

Die Watteballchen werden auf einer Fläche von 2 x 5 m verteilt. Auf einer Seite wird mithilfe des Klebebandes eine Startlinie aufgeklebt.

Material:

- Einige Watteballchen
- Klebeband

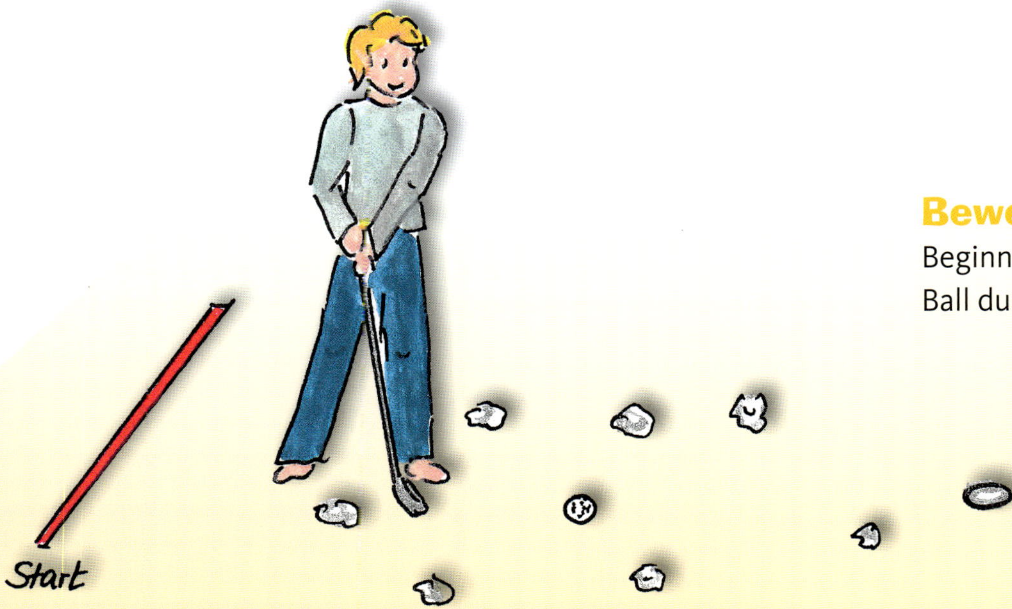

Bewegungsaufgabe:

Beginne an der Startlinie und schlage den Ball durch die Watteballchen bis ins Loch.

Station „Röhrenbahn"

Material:

- 3 Teppichröhren oder Abflussrohre
- 1 Turnmatte
- Klebeband

Aufbauhinweis:

Die drei Röhren werden auf den Boden aneinander gelegt und mit der Turnmatte abgedeckt, so dass die Ein- und Ausgänge der Röhren frei bleiben. Auf einer Seite wird mithilfe des Klebebandes eine Startlinie in ca. 1 m Entfernung aufgeklebt.

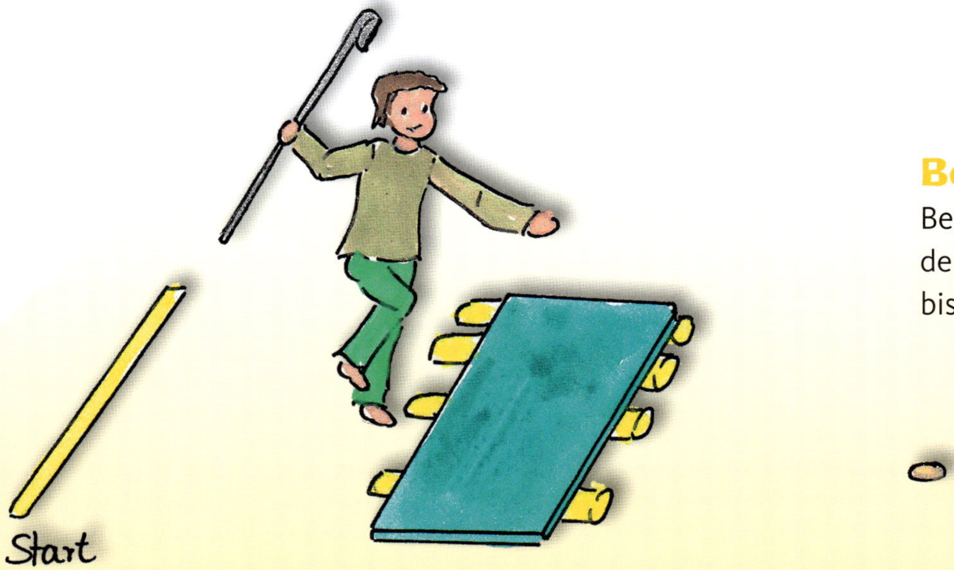

Bewegungsaufgabe:

Beginne an der Startlinie und schlage den Ball durch eins der drei Röhren bis ins Loch.

Station „Wippenbahn"

Aufbauhinweis:

Der Kartonstreifen von ca. 20 cm Breite wird auf die Papprolle geklebt und auf den Boden gestellt. Dahinter wird der offene Schuhkarton aufgestellt. Auf der anderen Seite wird mithilfe des Klebebandes in ca. 2–3 m Entfernung eine Startlinie aufgeklebt.

Material:

- 1 Papprolle z. B. von Küchenrolle
- 1 Streifen Karton
- 1 Schuhkarton
- Klebeband

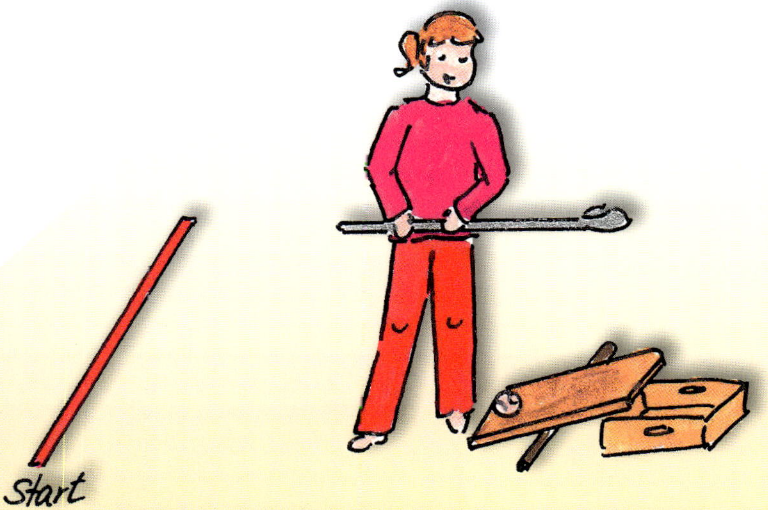

Bewegungsaufgabe:

Beginne an der Startlinie und schlage den Ball über die Wippe bis in den Karton.

2.3 Parcours „Hallen-Minigolf"

Station „Rollbahn"

Aufbauhinweis:

Die Bank wird aufgestellt und an einem Ende wird der Karton offen direkt darunter gestellt. Start ist auf der Bank am anderen Ende.

Material:

- 1 Bank
- 1 Schuhkarton

Bewegungsaufgabe:

Beginne am Bankende und schlage den Ball über die Bank bis in den Karton.

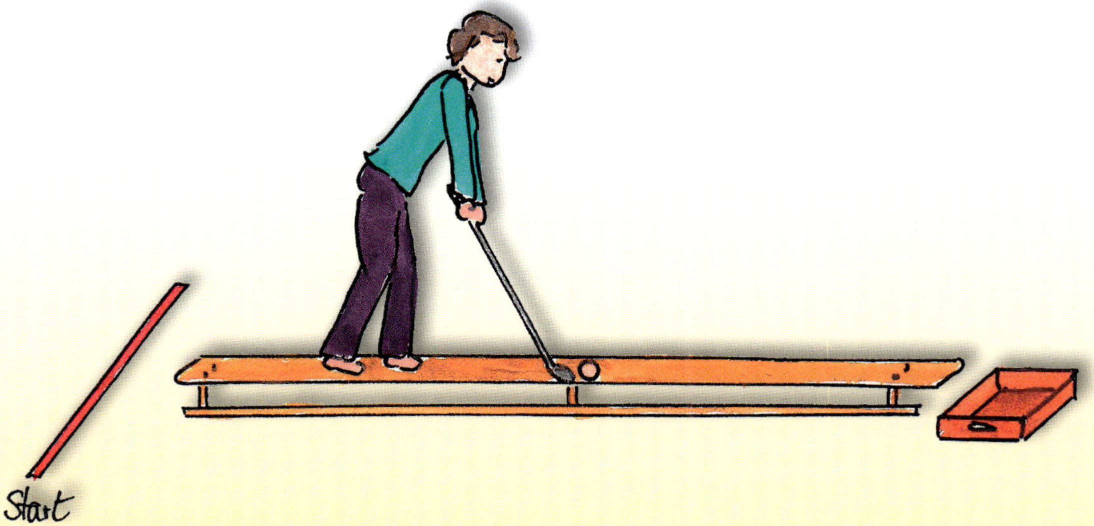

Station „Reifenbahn"

Aufbauhinweis:

Mithilfe des Seils wird an den Schaukelring der Reifen befestigt. Direkt davor wird der große Kasten aufgebaut, in den die Bank eingehängt wird, die auf der anderen Seite auf dem kleinen Kasten aufliegt. Am Bankende wird ein Bohnensäckchen hingelegt und evtl. mit Klebeband fixiert.

Material:

- 1 kleiner Kasten
- 1 großer Kasten
- 1 Bank
- 1 Schaukelring
- 1 Reifen
- 1 Seil
- 1 Bohnensäckchen
- Klebeband

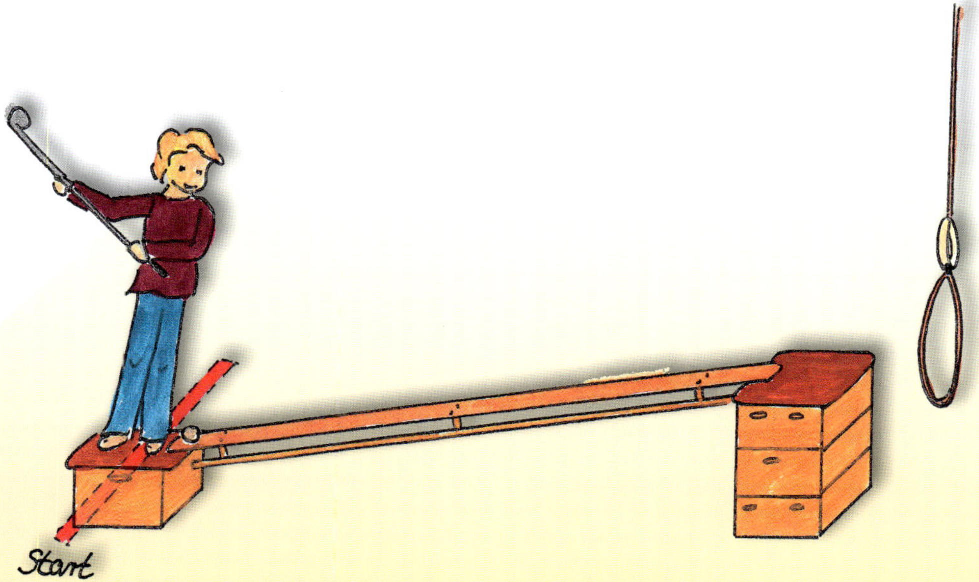

Bewegungsaufgabe:

Lege den Tennisball vor das Bohnensäckchen und schlage ihn die Bank nach oben und durch den Reifen.

2.3 Parcours „Hallen-Minigolf"

Station „Hütchenbahn"

Material:

- 5 Hütchen
- Klebeband

Aufbauhinweis:

Die Hütchen werden auf einer Fläche von 2 x 2 m auf dem Boden verteilt aufgestellt. In ca. 1 m Entfernung wird mithilfe des Klebebandes eine Startlinie auf den Boden geklebt.

Bewegungsaufgabe:

Beginne an der Startlinie und spiele den Ball um die Hütchen bis in das Loch.

2.3 Parcours „Hallen-Minigolf"

Station „Zick-Zack-Bahn"

Aufbauhinweis:

Ca. 1 m entfernt von der Wand werden die beiden Turnmatten im rechten Winkel aneinander gelegt. So, dass das direkte Spiel des Balls von der Startlinie zum Loch nicht möglich ist. Auf einer Seite wird mithilfe des Klebebandes ca. 2 m von der ersten Turnmatte entfernt die Startlinie aufgeklebt.

Material:

- 2 Turnmatten
- Klebeband

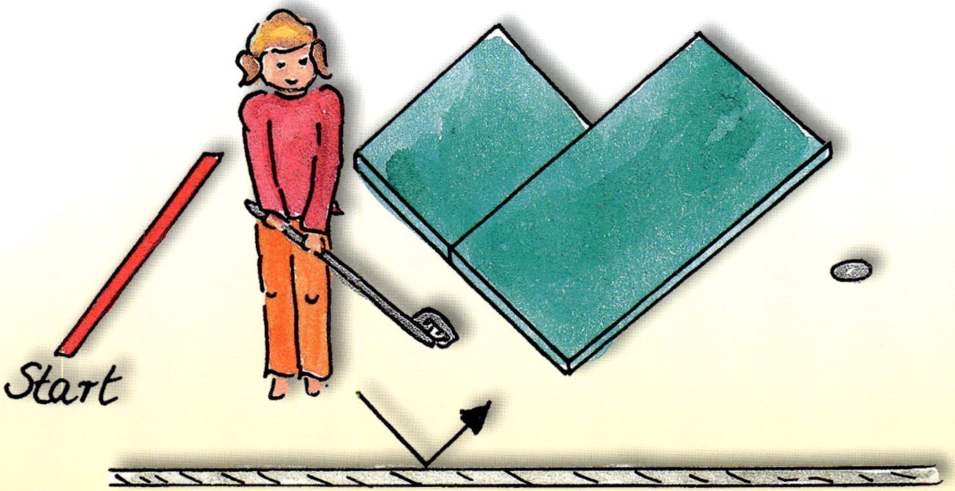

Bewegungsaufgabe:

Beginne an der Startlinie und spiele den Ball über die Wand an den Matten vorbei bis ins Loch.

2.3 Parcours „Hallen-Minigolf“

Station „Tunnelbahn“

Aufbauhinweis:

Vor das Loch werden zwei Hütchen mit einer Lücke von ca. 20 cm gestellt. Neben das Loch werden links und rechts die beiden kleinen Kästen aufgestellt und mit der Turnmatte abgedeckt. Mithilfe des Klebebandes wird ca. 2 m von den Hütchen entfernt die Startlinie aufgeklebt.

Material:

- 2 kleine Kästen
- 1 Turnmatte
- 2 Hütchen
- Klebeband

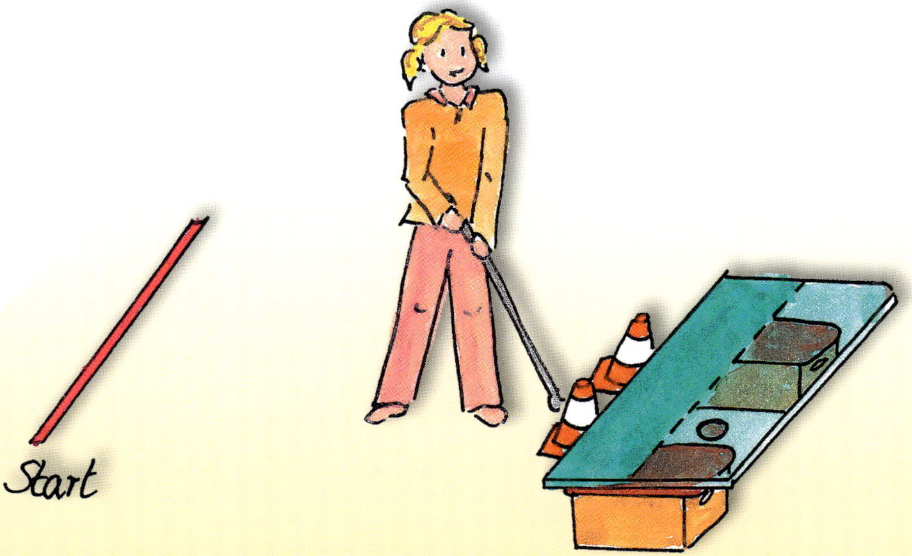

Bewegungsaufgabe:

Beginne an der Startlinie und spiele den Ball durch die beiden Hütchen ins Loch.

2.3 Parcours „Hallen-Minigolf"

Station „Loopingbahn"

Material:

- 2 kl. Kästen
- 1 langes Drainagerohr, ca. 2–3m
- Klebeband

Aufbauhinweis:

Das Drainagerohr zu einem Looping drehen und auf die Enden die beiden kleinen Kästen stellen. Evtl. mithilfe von Seilen fixieren. Mithilfe des Klebebandes wird ca. 1 m von dem Drainagerohr entfernt die Startlinie aufgeklebt.

Bewegungsaufgabe:

Beginne an der Startlinie und spiele den Ball fest in das Drainagerohr, so dass dieser am anderen Ende wieder herausrollt. Spiele ihn bis ins Loch.

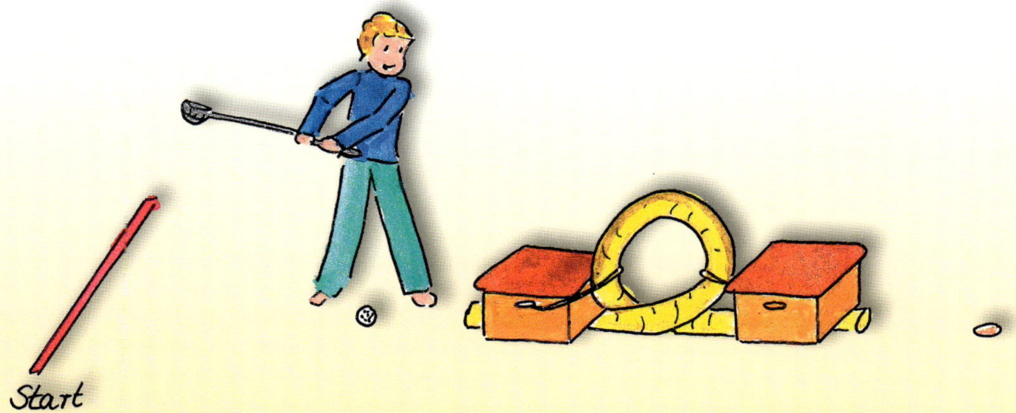

3. Parcours zur Kräftigung und Rückenschule

3.1 Parcours „Agententraining"

Dieser Parcours spricht Mädchen wie Jungen gleichermaßen an, denn Helden aus Fernsehen und Kino sind die großen Vorbilder, denen die Kinder gerne nacheifern wollen.

Der Parcours bietet 14 Stationen, die Situationen aus einem Agentenalltag beschreiben und die die Kinder durchführen sollen. Wegen der großen Anzahl der Stationen kann dieser Parcours über mehrere Bewegungseinheiten durchgeführt werden.

Es bietet sich an, die Kinder in Kleingruppen mit der Laufkarte (s. Rückseite) von Station zu Station zu schicken, wobei sie jede Übung nur einmal ausführen müssen. Nach Durchführung der Übung stempeln sich die Kinder auf der Laufkarte die Station ab.

Laufkarte Agententraining

für ______________________________

Lichtschranken		Geheimakte	
Säureflasche		Kanalisation	
Kickboxen		Gasflasche	
Diamant		Schatzkammer	
Lüftungsschacht		Fußfesseln	
Alarm		Fluchtauto	
See		Handfesseln	

3.1 Parcours „Agententraining“

Station „Lichtschranken“

Aufbauhinweis:

Der kleine Kasten wird aufgestellt und die 4 Slalomstangen jeweils 1 m von den Kastenecken entfernt hingestellt. Die Wolle wird um die Slalomstangen gespannt und mit Klebeband fixiert. Die Taucherbrille wird bereitgelegt.

Material:

- 4 Slalomständer
- 1 kleiner Kasten
- Wolle
- Klebeband
- 1 Taucherbrille

Bewegungsaufgabe:

Manchmal musst Du auch etwas Wertvolles retten, was leider durch Lichtschranken versperrt ist. Ziehe Dir das Sichtgerät auf, stütze Dich auf den Händen einmal unter den Lichtschranken im Kreis.
Dabei dürfen Deine Knie auf dem kleinen Kasten aufliegen.
Aber Vorsicht: bloß nicht die Lichtschranken berühren,
sonst verrätst Du Dich!

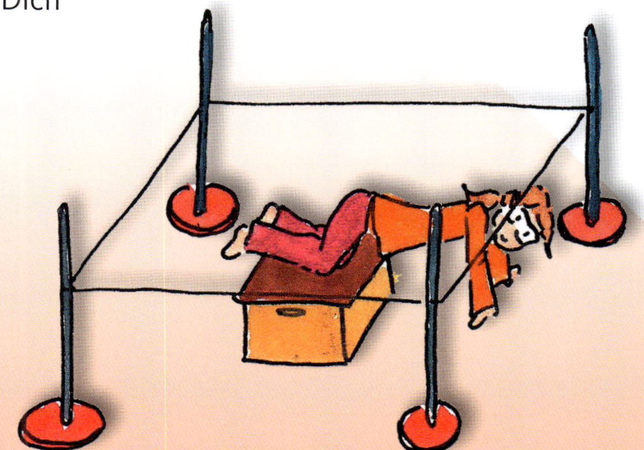

3.1 Parcours „Agententraining"

Station „Säurefläschchen aufsammeln"

Aufbauhinweis:

Der kleine Kasten wird aufgestellt und die Turnmatte daran gelegt. Das Fläschchen wird dazu gestellt.

Material:

- 1 kleiner Kasten
- 1 Turnmatte
- 1 leeres Fläschchen

Bewegungsaufgabe:

Du musst die Säureflasche sicher auf den Kasten stellen oder legen. Dazu legst Du Dich auf den Rücken mit dem Kopf direkt an den kleinen Kasten und klemmst Dir das Säurefläschchen zwischen die Beine. Nun hebst Du die Beine an und setzt die Flasche auf dem Kasten ab, ohne dass sie herunter fällt.

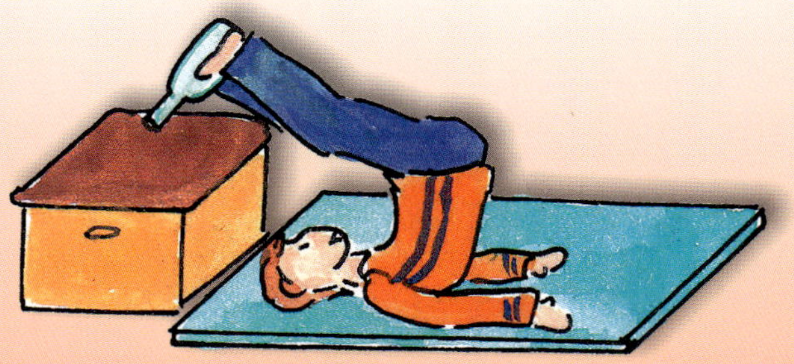

3.1 Parcours „Agententraining"

Station „Kickboxen"

Material:

- 1 kleiner Kasten
- 1 Schaukelring
- 1 Luftballon
- 1 Stück Schnur

Aufbauhinweis:

Der Ballon wird aufgepustet, verknotet und an die Schnur gebunden. Das andere Ende der Schur wird an einen Schaukelring geknotet. Der kleine Kasten wird in einem Abstand von ca. 60 cm gestellt.

Bewegungsaufgabe:

Ein Agent muss sich natürlich auch fit halten, damit er sich in schwierigen Situationen verteidigen kann. Heute steht Kickboxen auf dem Programm. Setze Dich dazu auf den kleinen Kasten, ohne Dich mit den Händen abzustützen und tritt abwechselnd mit den Füßen auf den Ballon. Auch die Füße dürfen hierbei nicht auf dem Boden abgesetzt werden. Mal sehen, wie oft Du den Ballon wegtreten kannst.

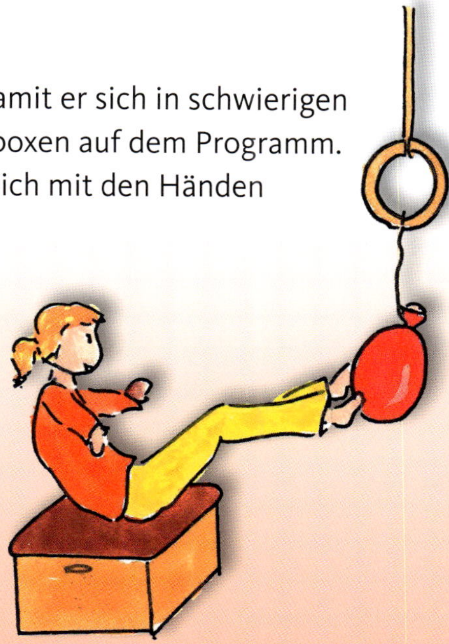

Station „Diamant über das Meer retten“

Aufbauhinweis:

Der kleine Kasten wird aufgestellt, und der Reifen in ca. 1 m Entfernung auf den Boden gelegt. Auf der anderen Seite des Kastens wird der Ball gelegt.

Material:

- 1 kleiner Kasten
- 1 Softball
- 1 Gymnastikreifen

Bewegungsaufgabe:

Hier wurde Dir ein kostbarer Diamant anvertraut, den Du über das Meer, das voll mit Haien ist, retten sollst bis in das Beiboot (Reifen). Du liegst mit den Bauch auf dem kleinen Kasten, hältst den Diamanten mit den Händen fest und musst Dich nun irgendwie bewegen, indem Du Dich auf dem Kasten bis zum Reifen drehst, wo Du den Ball ablegen kannst. Aber berühre nicht den Boden, denn die Haie warten nur darauf, Dich anzuknabbern!

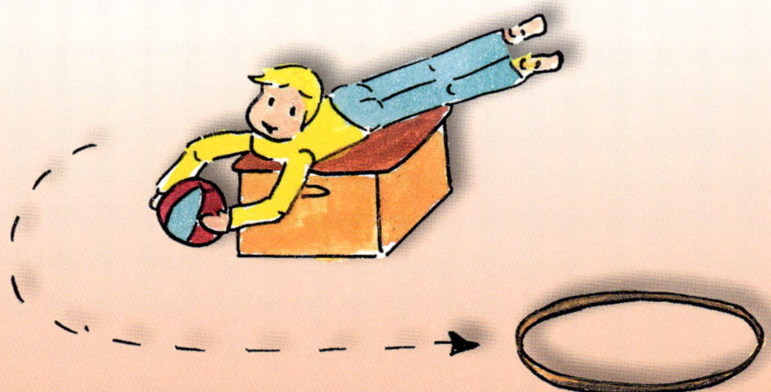

Station „Durch den Lüftungsschacht ziehen“

Material:

- 1 Bank
- 1 Teppichfliese

Aufbauhinweis:

Die Bank wird aufgestellt und die Teppichfliese umgedreht auf das Ende gelegt.

Bewegungsaufgabe:

Manchmal muss sich der Agent auch ganz unbemerkt durch den Lüftungsschacht eines Gebäudes ziehen. Lege Dich mit dem Rücken auf die Teppichfliese und ziehe Dich mit den Händen über dem Kopf bis an das Bankende. Dabei winkelst Du Deine Beine an.

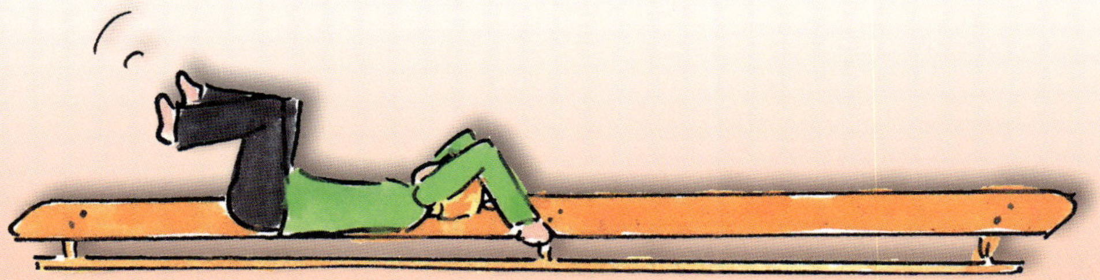

Station „Keinen Alarm auslösen“

Aufbauhinweis:

Die Bank wird aufgestellt. Das Hosengummi wird an den Enden zusammengeknotet und daran wird die Schnur befestigt.
Am anderen Ende der Schur wird das Glöckchen festgeknotet.

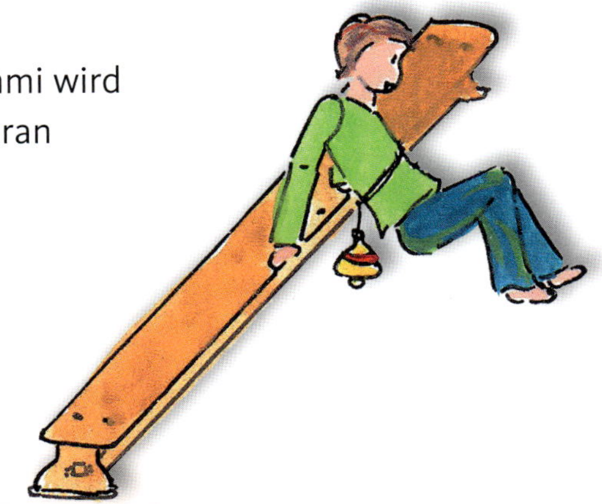

Material:

- 1 Bank
- 1 Stück Hosengummi
- 1 Schnur
- 1 Glöckchen

Bewegungsaufgabe:

Schnalle Dir das Hosengummi um die Hüfte, so dass das Glöckchen hinten zum Boden zeigt. Nun musst Du Dich rücklings mit den Händen über die Banklänge stützen. Aber strecke den Bauch weit Richtung Decke, damit das Glöckchen nicht auf dem Boden aufkommt und Alarm auslöst.

3.1 Parcours „Agententraining"

Station „Steine im verseuchten See"

Aufbauhinweis:

Die Bank wird aufgestellt und links und rechts davon werden jeweils 8 Reifen in unterschiedlichen Entfernungen von 20–60 cm ausgelegt.

Material:

- 1 Bank
- 8 Gymnastikreifen

Bewegungsaufgabe:

Hier musst Du über den verseuchten See kommen. Zum Glück liegen hier und da ein paar Steine (Reifen), auf denen Du sicher landen kannst. Springe in der Hockwende über die Bank und lande jeweils in einem Reifen, bis Du am Ende angekommen bist.

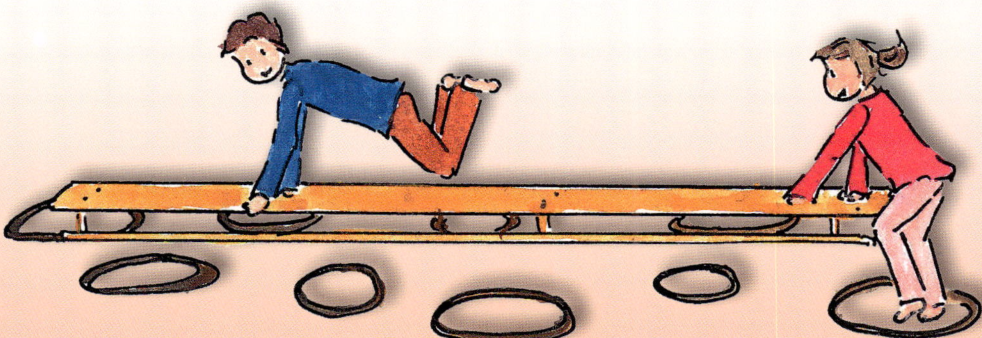

Station „Geheimakte retten“

Aufbauhinweis:

Die Bank wird aufgestellt und auf eine Seite wird die Papierrolle und auf dem anderen Bankende die umgedrehte Teppichfliese hingelegt.

Material:

- 1 Bank
- 1 Papierrolle
- 1 Teppichfliese

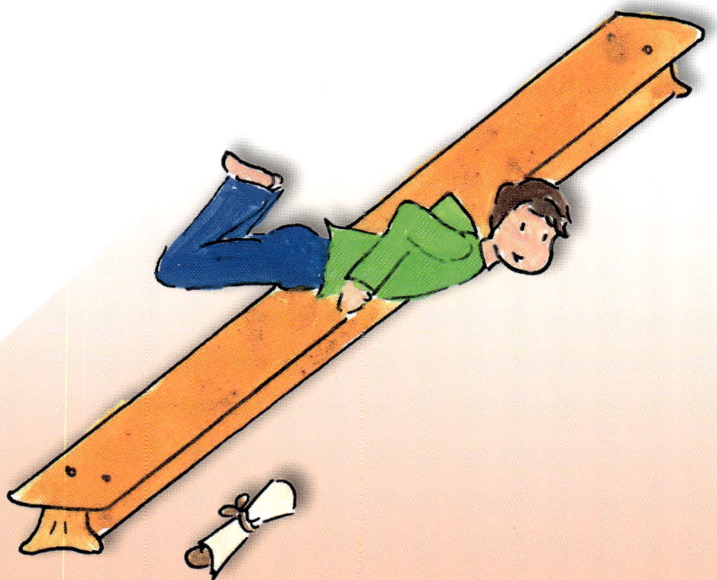

Bewegungsaufgabe:

Leider wurde die Geheimakte gestohlen und Du hast den Auftrag, sie so unauffällig wie möglich wieder zu retten. Dazu legst Du Dich mit dem Bauch auf die Teppichfliese, so dass die Beine auf einer Seite herunter hängen. Du musst Dich nun seitlich mithilfe Deiner Hände über die Bank schieben, bis Du zur Geheimakte gelangst.

3.1 Parcours „Agententraining“

Station „Durch die Kanalisation“

Aufbauhinweis:

Das Ziehtau wird an einer der unteren Sprossen der Sprossenwand angeknotet und lang ausgelegt. An das andere Ende des Ziehtaus wird die umgedrehte Teppichfliese hingelegt.

Material:

- 1 Sprossenwand
- 1 Ziehtau
- 1 Teppichfliese

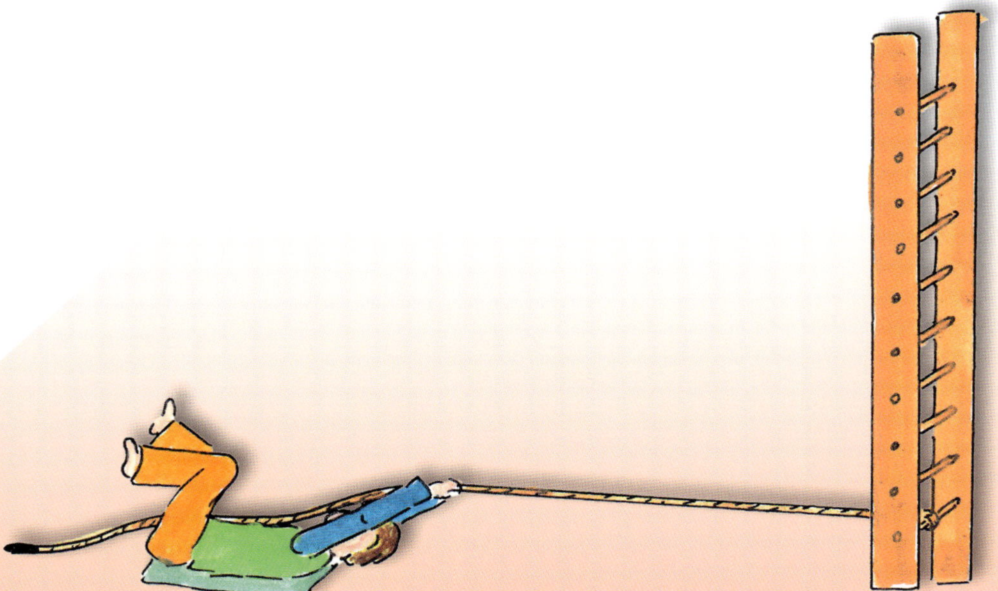

Bewegungsaufgabe:

Leider muss ein Agent auch manchmal ganz ungemütliche Wege nehmen, wie hier durch die Kanalisation. Da man ja nicht mit dem Gesicht durch das Abwasser will, musst Du Dich mit dem Rücken auf die Teppichfliese legen und Dich mithilfe der Hände mit dem Kopf vorweg zur Sprossenwand ziehen.

3.1 Parcours „Agententraining"

Station „Gasflasche transportieren"

Material:

- 3 Hütchen
- 1 Teppichfliese
- 1 leicht gefüllte Plastikflasche

Aufbauhinweis:

Die Hütchen werden auf einer Länge von 3 m aufgestellt und die umgedrehte Teppichfliese liegt am ersten Hütchen. Darauf wird die Plastikflasche gestellt.

Bewegungsaufgabe:

Schiebe die Gasflasche vorsichtig im Slalom um die Hütchen und wieder zurück. Dazu stützt Du die Hände auf die Teppichfliese und gehst mit den Füßen auf den Boden. Aber schiebe nicht zu schnell, sonst fällt die Gasflasche um, und es gibt eine Explosion!

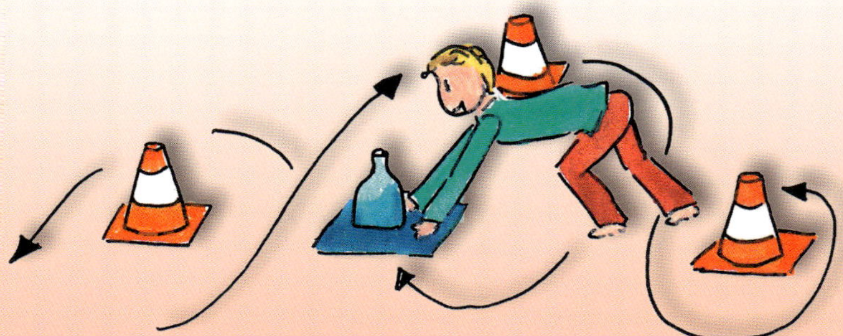

Station „In der Schatzkammer der Pyramide“

Material:

- 2 Hütchen
- 1 Teppichfliese

Aufbauhinweis:

Die beiden Hütchen werden mit einem Abstand von ca. 2 m aufgestellt und die umgedrehte Teppichfliese wird an das erste Hütchen gelegt.

Bewegungsaufgabe:

Hier bist Du auf der Jagd nach einem Grabräuber. Da die Gänge in den Pyramiden sehr eng sind, musst Du Dich mit den Knien auf die Teppichfliese setzen und den Po die ganze Zeit auf den Fersen sitzen lassen. Nun ziehe Dich mit den Händen über den Boden einmal um die Hütchen herum.

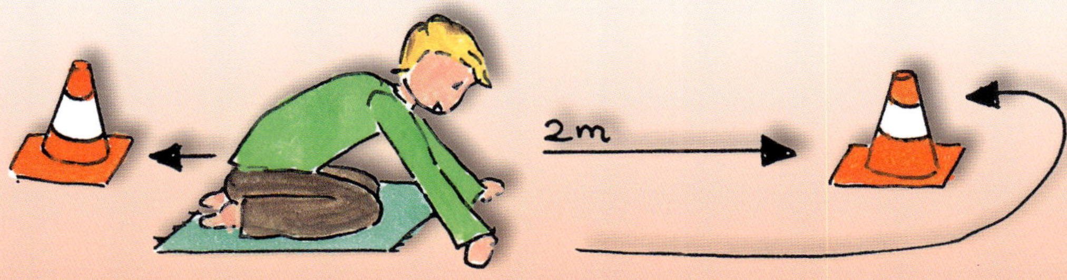

3.1 Parcours „Agententraining"

Station „Mit Fußfesseln entkommen"

Aufbauhinweis:

Die Gymnastikreifen werden in einem Halbkreis aneinander auf den Boden gelegt. Das Theraband wird zu einer Schlaufe geknotet und an den ersten Reifen gelegt.

Bewegungsaufgabe:

Leider wurdest Du mit Fußfesseln versehen. Du willst aber über den Steinweg entkommen. Schlüpfe bis zu den Fußknöcheln in das Theraband und setze immer einen Fuß in einem Reifen auf.

Material:

- 1 Theraband
- 10 Gymnastikreifen

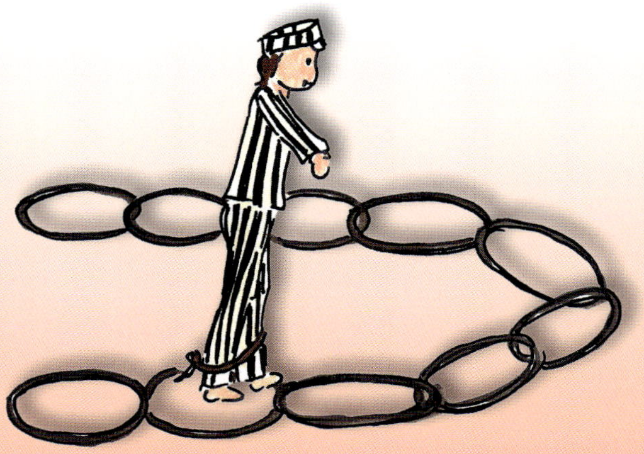

3.1 Parcours „Agententraining“

Station „Mit dem Fluchtauto entkommen“

Material:

- 1 Rollbrett
- 10 Teppichfliesen

Aufbauhinweis:

Es werden immer 3–5 Teppichfliesen leicht überlappend aufeinander gelegt. So entstehen dann ca. 3–4 kleine Hügel. Diese werden auf einer Strecke von ca. 3 m verteilt. Das Rollbrett wird an den ersten Hügel gestellt.

Bewegungsaufgabe:

Du musst mit dem Auto die Flucht antreten und fährst querfeldein. Lege Dich mit dem Bauch auf das Rollbrett und stoße Dich kräftig mit den Händen vom Boden ab, wenn Du über die Hügel fährst.

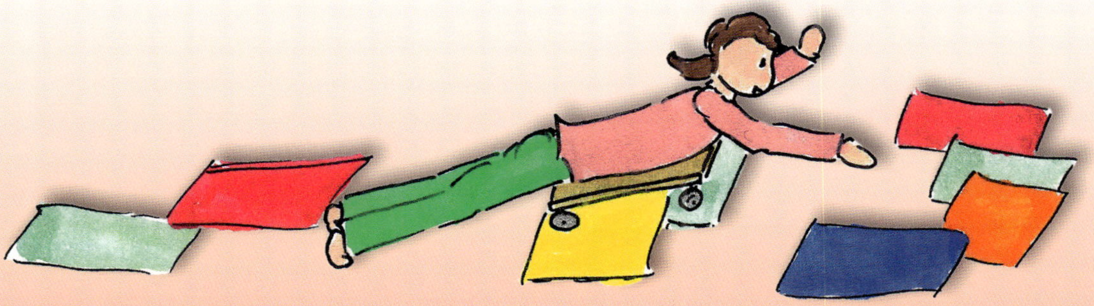

Station „Mit Handfesseln entkommen"

Aufbauhinweis:

Das Ziehtau wird in einer Höhe von ca. 80 cm zwischen 2 Wänden wie Sprossenwand, Fußballtor o. Ä. gespannt. Das Rollbrett wird an den Anfang gestellt.

Material:

- 1 Ziehtau
- 1 Rollbrett

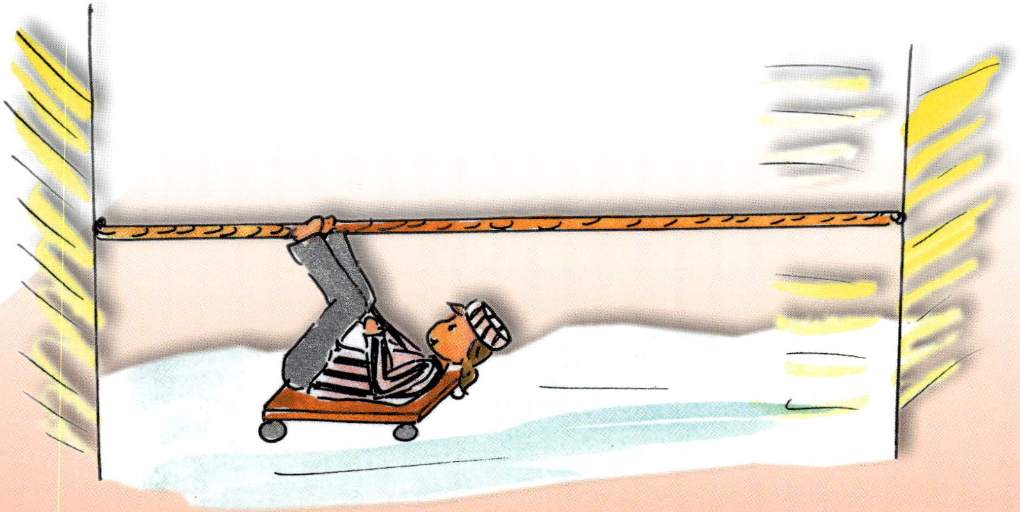

Bewegungsaufgabe:

Du bist schon wieder gefangen und gefesselt worden, diesmal an den Händen, so dass Du nur mit den Füßen vorwärts kommen kannst. Lege Dich mit dem Rücken auf das Rollbrett und umschlinge mit den Füßen das Tau wie beim Klettern an einem Deckentau. Schiebe Dich so Stück für Stück an dem Tau mit dem Kopf vorweg vorwärts bis zum Tauende.

3.2 Parcours „Muskelkater"

Dieser Parcours enthält 20 Übungen zur Kräftigung von Armen, Beinen, Bauch, Rücken und Gesäß. Zu jedem Körperbereich gibt es 4 Übungen, so dass daraus immer eine oder zwei Übungen ausgewählt und als Zirkel aufgebaut werden können.

Die Laufkarte (s. Rückseite dieser Karte), die jedes Kind erhält, zeigt einen Kater. Nach jeder Übung dürfen die Kinder mit einem Stift den Kater dort anmalen, wo sie bei sich selbst gespürt haben, dass die Muskeln gearbeitet und sich angespannt haben. Dies ist eine gute Möglichkeit, eine bewusste Verbindung zum eigenen Körper herzustellen und das Körperbild zu verbessern.

Die Übungen werden je nach Leistungsniveau von den Kindern entweder so lange durchgeführt, wie die Lehrkraft/der Übungsleiter die Zeit vorgibt, oder so oft sie es selbst wollen. Oder die Kinder wiederholen die Übung so oft, wie sie in Lebensjahren alt sind.

3.2 Parcours „Muskelkater“

Laufkarte

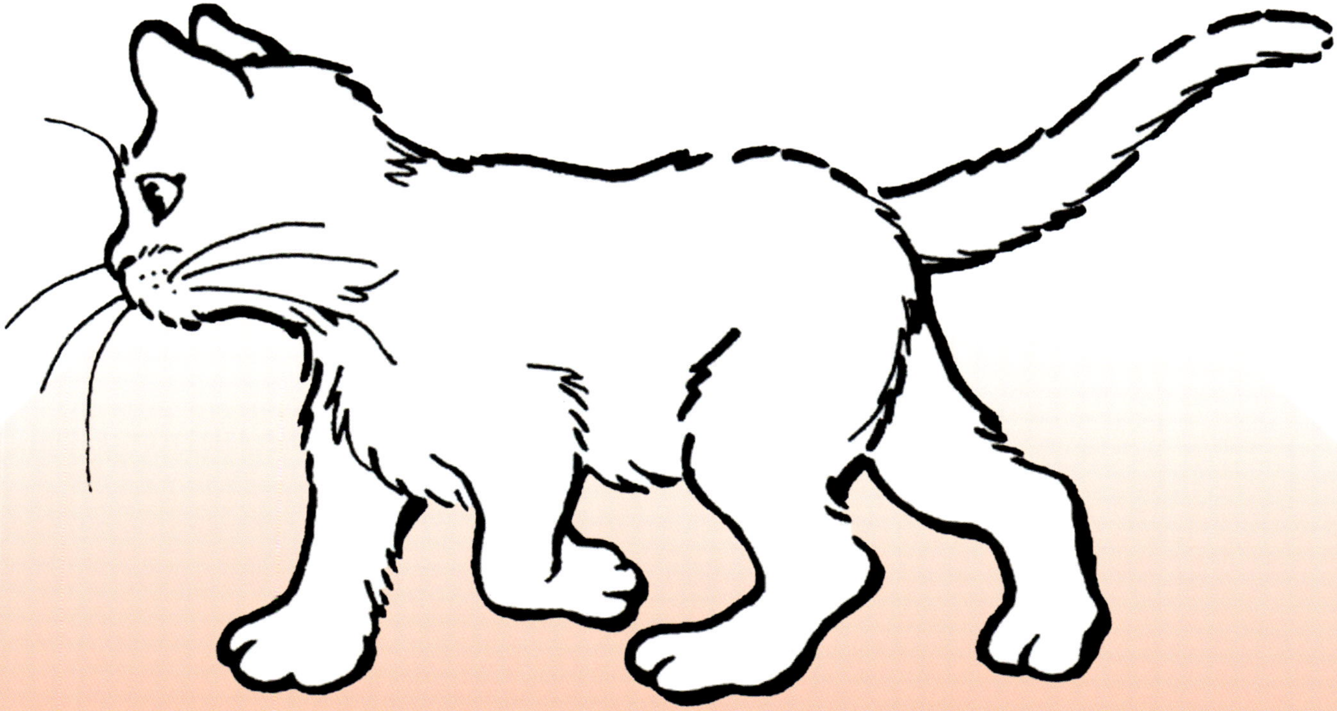

Station „Arme-Übung 1"

Material:

- 2 Deckentaue
- 1 Turnmatte

Aufbauhinweis:

Die Taue werden fixiert und darunter wird die Turnmatte gelegt.

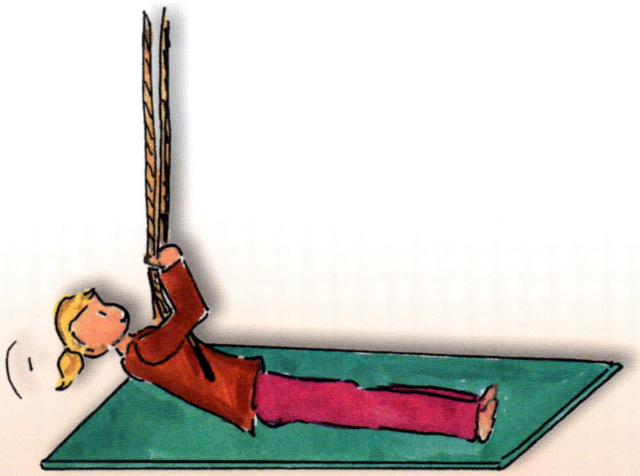

Bewegungsaufgabe:

Du legst Dich auf die Matte, so dass deine Schultern direkt zwischen den Tauen liegen. Spanne Deinen Körper fest an und ziehe Dich mit den Armen an den Tauen nach oben, so dass Dein Körper bis auf die Fersen vom Boden abhebt. Und dann den Körper wieder ablegen.

Station „Arme-Übung 2"

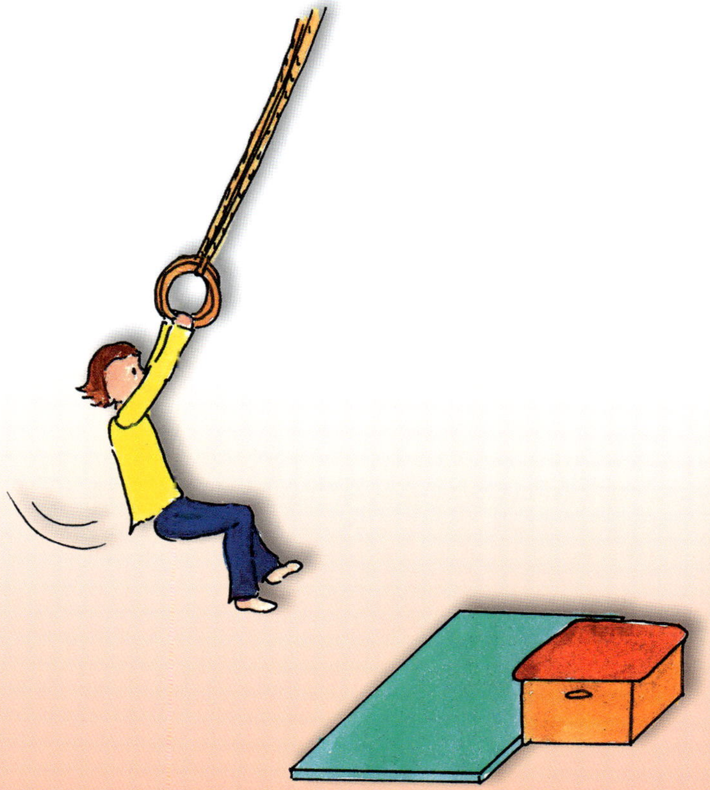

Material:

- 1 Ringpaar
- 1 kleiner Kasten
- 1 Turnmatte

Aufbauhinweis:

Die Ringe werden auf Schulterhöhe fixiert und die Turnmatte wird darunter gelegt. Der kleine Kasten wird an das Ende der Turnmatte gestellt.

Bewegungsaufgabe:

Du greifst die Ringe und schwingst auf den kleinen Kasten, wo Du zum Stehen kommst.

3.2 Parcours „Muskelkater"

Station „Arme-Übung 3"

Aufbauhinweis:

An den Enden des Therabands werden zwei kleine Schlaufen gebunden und der Ball wird bereit gelegt.

Material:

- 1 Ball
- 1 Theraband

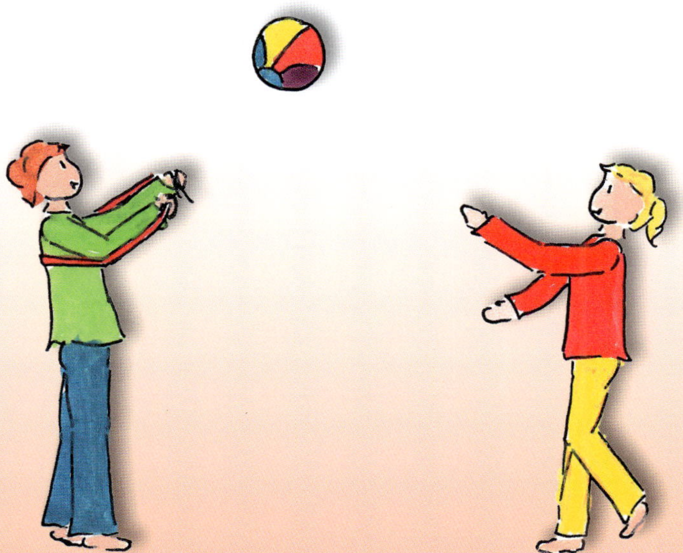

Bewegungsaufgabe:

Du legst das Theraband um Deinen Rücken, führst es unter den Achseln durch und steckst die Daumen durch die beiden Schlaufen. Dein Partner wirft Dir aus ca. 3 m Entfernung einen Ball zu, den Du fängst und wieder zurückspielst. Macht mehrere Wiederholungen. Danach Rollentausch.

Station „Arme-Übung 4“

Aufbauhinweis:

Der kleine Kasten wird mit der Lederseite auf den Boden gestellt und der Medizinball wird in einem Abstand von ca. 2–3 m auf den Boden gelegt.

Material:

- 1 Medizinball
- 1 kleiner Kasten

Bewegungsaufgabe:

Du nimmst den Medizinball mit gebeugten Knien und geraden Rücken und wirfst ihn mit gestreckten Armen in den kleinen Kasten hinein.

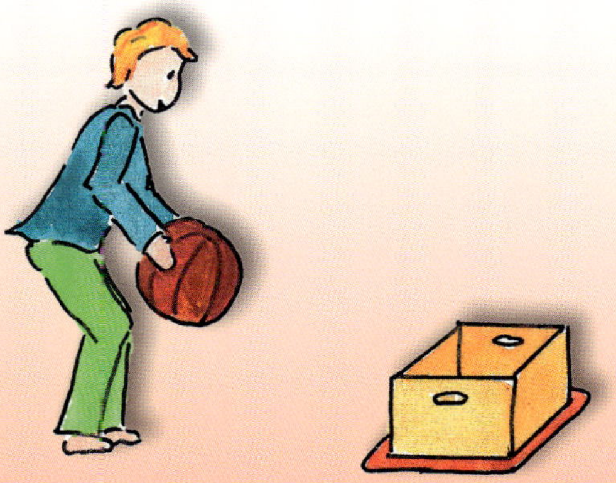

3.2 Parcours „Muskelkater“

Station „Beine-Übung 1“

Material:

- 1 kleiner Kasten
- 1 Turnmatte

Aufbauhinweis:

Der kleine Kasten wird aufgestellt und die Turnmatte dahinter gelegt.

Bewegungsaufgabe:

Du springst mit geschlossenen Beinen auf den kleinen Kasten und wieder herunter. Wenn möglich, springst Du nun auch rückwärts mit geschlossenen Beinen wieder auf den kleinen Kasten zurück.

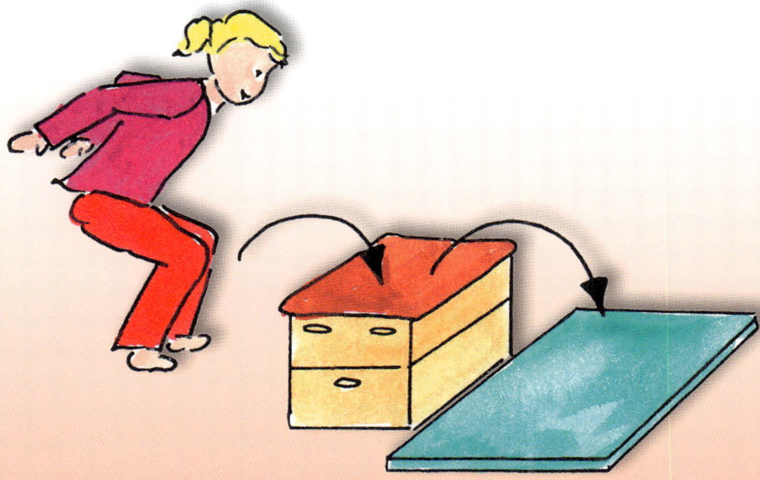

Station „Beine-Übung 2“

Material:

- 2 Bänke

Aufbauhinweis:

Die Bänke werden parallel zu einer Gasse mit einer Breite von ca. 60 cm aufgestellt.

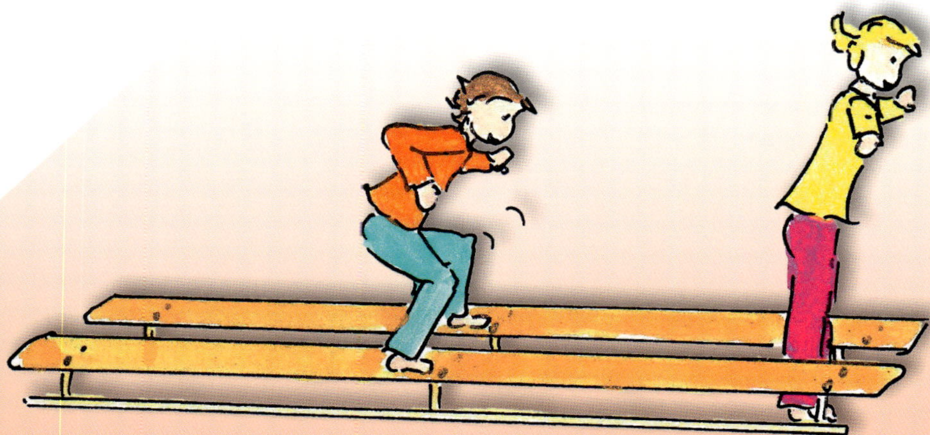

Bewegungsaufgabe:

Du beginnst an einem Ende der Bänke und springst immer wieder in der Grätsche auf die Bänke und dann zwischen den Bänken in den Schlusssprung. Dabei bewegst Du Dich langsam bis an das andere Bankende vorwärts.

Station „Beine-Übung 3“

Aufbauhinweis:

Das Ballkissen wird mittig vor die Sprossenwand mit einem Abstand von max. 50 cm gelegt.

Material:

- 1 Sprossenwand
- 1 Ballkissen

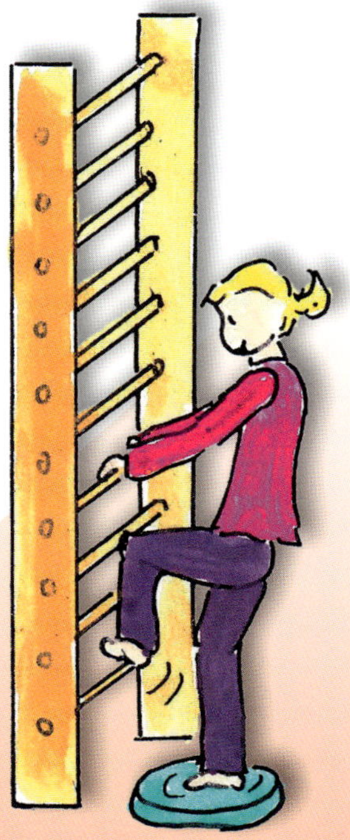

Bewegungsaufgabe:

Stelle Dich auf das Ballkissen und halte Dich mit den Händen schulterhoch an der Sprossenwand fest. Steige nun immer abwechselnd mit den Füßen auf eine untere Sprosse und dann wieder zurück auf das Ballkissen. Führe mehrere Wiederholungen aus.

3.2 Parcours „Muskelkater“

Station „Beine-Übung 4“

Aufbauhinweis:

Das Minitrampolin wird aufgestellt und mit Turnmatten abgesichert. Der Stab bereit gelegt.

Material:

- 1 Minitrampolin
- 1 Gymnastikstab
- Turnmatten

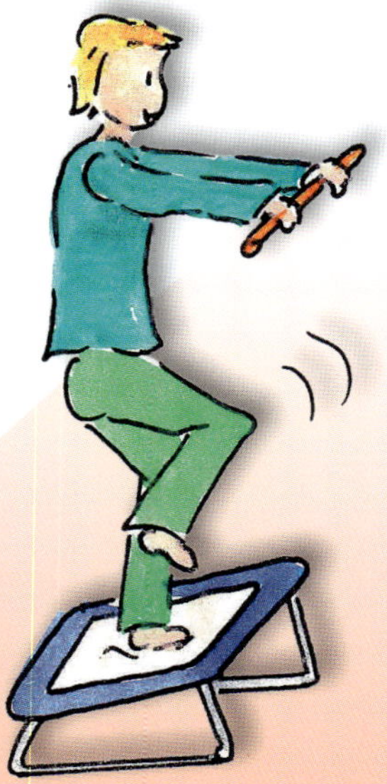

Bewegungsaufgabe:

Du greifst den Stab waagerecht und hältst ihn schulterhoch mit gestreckten Armen nach vorne. Nun trittst Du immer wieder abwechselnd mit den Füßen, so schnell Du kannst, auf das Trampolin, ohne dass der Stab seine Position verändert.

3.2 Parcours „Muskelkater“

Station „Bauch-Übung 1“

Material:

- 1 3-tlg. Kasten
- 1 Luftballon

Aufbauhinweis:

Der 3-tlg. Kasten wird aufgestellt und der Kastendeckel an einer Seite schräg in die Holzzapfen eingehängt. Der Luftballon wird aufgepustet bereit gelegt.

Bewegungsaufgabe:

Du legst Dich mit dem Rücken auf den Kastendeckel und hältst Dich mit den Händen an dem Kastendeckel über dem Kopf fest. Dein Partner steht in ca. 2 m Entfernung und spielt Dir den Luftballon zu, den Du mit geschlossenen Beinen wegtreten sollst. Macht mehrere Wiederholungen, ohne dass Du die Füße auf dem Boden abstellst. Danach Rollentausch.

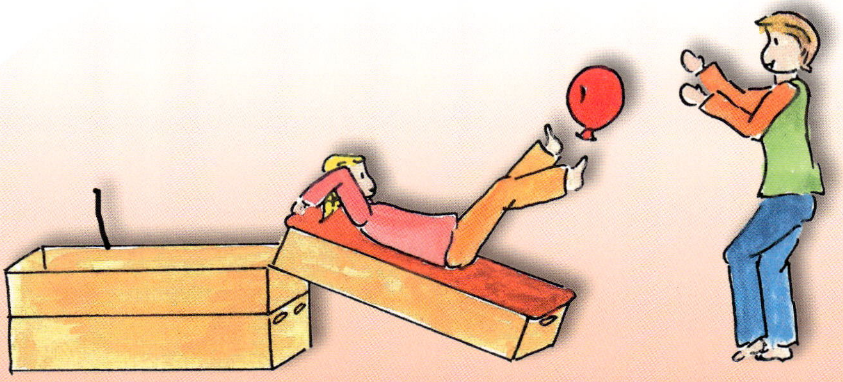

Station „Bauch-Übung 2"

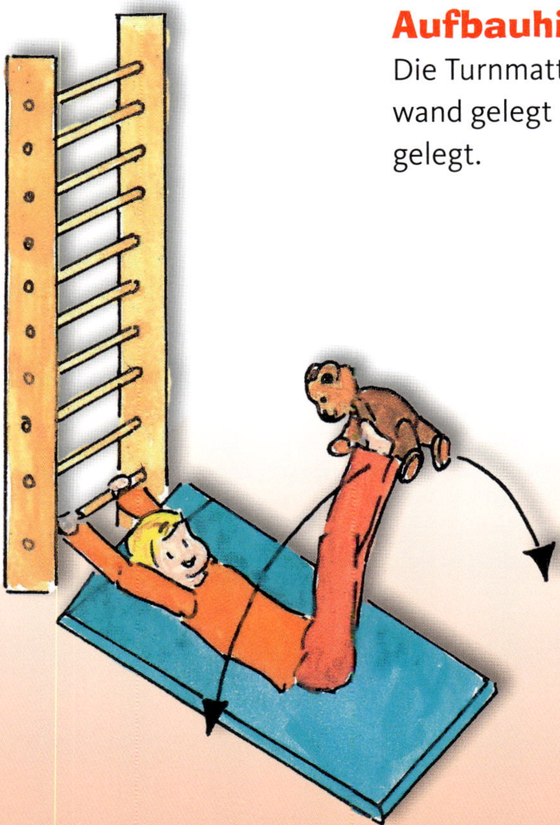

Aufbauhinweis:

Die Turnmatte wird direkt an die Sprossenwand gelegt und der Teddybär wird bereit gelegt.

Material:

- 1 Sprossenwand
- 1 Teddybär
- 1 Turnmatte

Bewegungsaufgabe:

Du legst Dich mit dem Rücken auf die Turnmatte und hältst Dich über Kopf an der Sprossenwand mit den Händen fest. Klemme Dir den Teddybär zwischen die Füße und bewege die gestreckten Beine nun immer langsam nach rechts und links wie ein Scheibenwischer ohne umzukippen. Mache mehrere Wiederholungen.

Station „Bauch-Übung 3“

Aufbauhinweis:

Der kleine Kasten wird mit einem Abstand von ca. 60 cm vor die Sprossenwand gestellt. Darauf wird der Tennisring gelegt. Der Ball liegt zwischen Kasten und Sprossenwand.

Material:

- 1 Sprossenwand
- 1 kleiner Kasten
- 1 Tennis- oder Wurfring
- 1 Ball

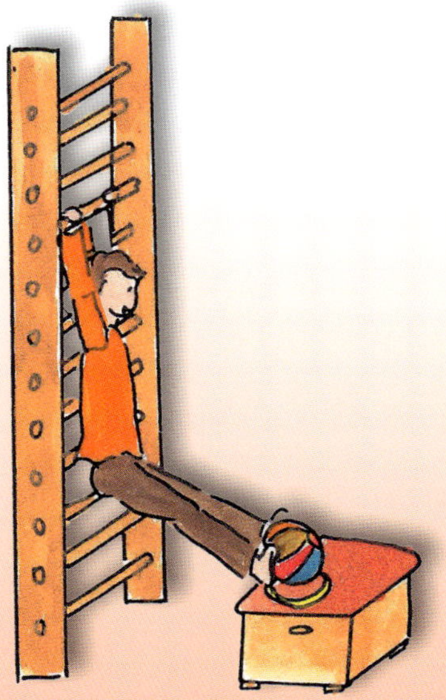

Bewegungsaufgabe:

Stelle Dich mit dem Rücken zur Sprossenwand und greife mit den Armen die Sprosse, die Du mit lang ausgestreckten Armen und auf Zehenspitzen erreichst. Daran hältst Du Dich fest und klemmst Dir den Ball zwischen die Füße. Hebe die Beine an und lege den Ball auf den Tennisring. Nimm die Beine wieder zurück, so dass Du an der Sprossenwand hängst. Wiederhole die Übungen mehrmals.

Station „Bauch-Übung 4"

Aufbauhinweis:

Der kleine Kasten wird aufgestellt und die Keksdose darauf gelegt. Die Turnmatte wird an den Kasten gelegt und der Schlegel bereit gelegt.

Material:

- 1 kleiner Kasten
- 1 Turnmatte
- 1 Keksdose
- 1 Tamburinschlegel

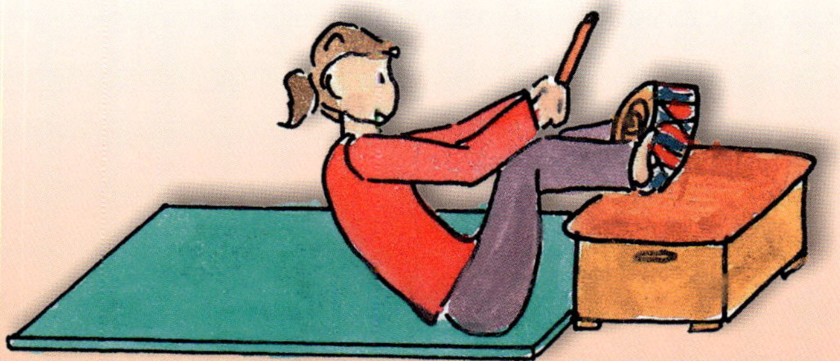

Bewegungsaufgabe:

Du legst die Unterschenkel auf den kleinen Kasten und rückst mit dem Po ganz nah an diesen heran. Du klemmst Dir die Keksdose zwischen die Füße und nimmst den Schlegel in die Hand. Nun legst Du Dich mit dem Rücken auf die Matte. Bewege Deinen Oberkörper nach oben und schlage mit dem Schlegel auf die Keksdose. Wiederhole diese Übung mehrfach, auch mit dem Schlegel in der anderen Hand.

Station „Rücken-Übung 1"

Material:

- 1 Kastendeckel
- 1 Klingel oder Hupe

Aufbauhinweis:

Der Kastendeckel wird auf den Boden gelegt und die Klingel ca. 1 m entfernt aufgestellt.

Bewegungsaufgabe:

Lege die Unterschenkel auf den Kastendeckel und laufe mit den Händen bis zur Klingel, die Du dann betätigst. Gehe mit den Händen wieder zurück und noch einmal nach vorne. Jetzt betätigst Du die Klingel mit der anderen Hand.

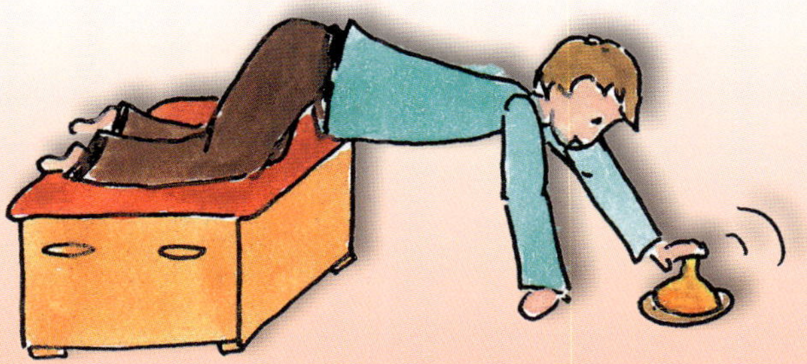

Station „Rücken-Übung 2"

Aufbauhinweis:

Der Kastendeckel wird auf den Boden gestellt und die Bank mit einem Ende ca. 1 m entfernt davon aufgestellt. Das Bohnensäckchen liegt rechts neben der Bank.

Material:

- 1 Kastendeckel
- 1 Bank
- 1 Bohnensäckchen

Bewegungsaufgabe:

Lege die Unterschenkel auf den Kastendeckel und laufe mit den Händen bis zur Bank. Dort nimmst Du das Bohnensäckchen mit der rechten Hand, legst es auf die Bank und nimmst es mit der linken Hand herunter. Gehe mit den Händen wieder zurück und noch einmal nach vorne. Jetzt legst Du das Bohnensäckchen mit der linken Hand auf die Bank und nimmst es mit der rechten Hand wieder herunter.

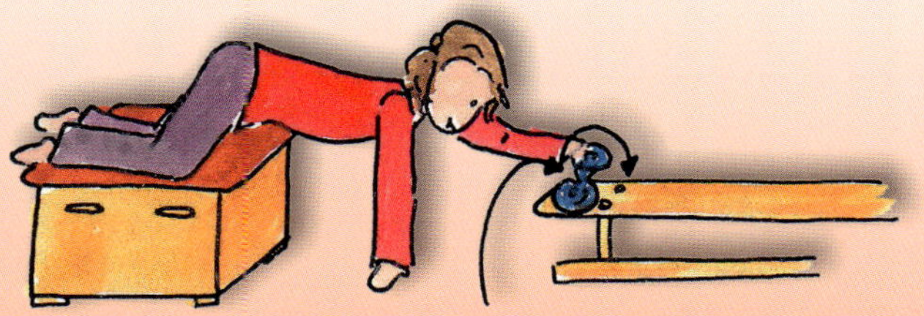

3.2 Parcours „Muskelkater"

Station „Rücken-Übung 3"

Aufbauhinweis:

Die Hütchen werden in einer Reihe mit jeweils 1,5 m Entfernung zueinander aufgestellt. Das Rollbrett wird an den Anfang gestellt, und der Ball dazu gelegt.

Material:

- 1 Rollbrett
- 5 Hütchen
- 1 Softball

Bewegungsaufgabe:

Du legst Dich mit dem Bauch auf das Rollbrett und klemmst den Ball mit den Füßen an den Po. Stoße Dich mit den Händen vom Boden ab und fahre im Slalom um die Hütchen und ebenso wieder zurück.

Station „Rücken-Übung 4“

Aufbauhinweis:

Die Turnmatte wird direkt an die Sprossenwand gelegt

Material:

- 1 Sprossenwand
- 1 Turnmatte

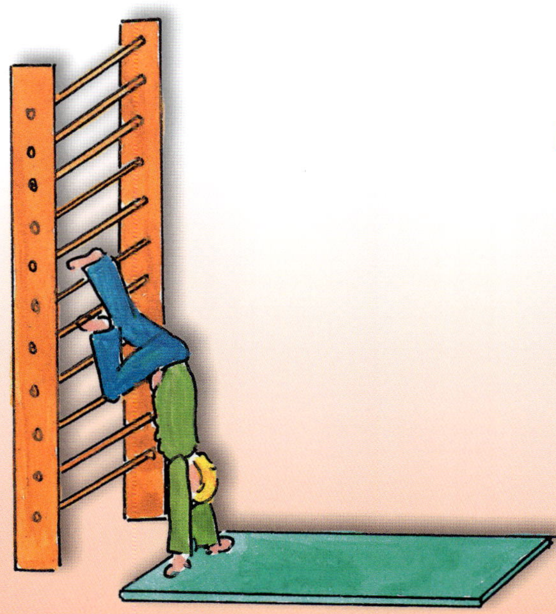

Bewegungsaufgabe:

Du kniest Dich mit dem Po zur Sprossenwand. Nun krabbelst Du mit den Füßen die Sprossenwand immer weiter hinauf, während Du gleichzeitig mit den Händen immer näher an die Sprossenwand rückst. Und nun wieder hinunter.

3.2 Parcours „Muskelkater“

Station „Po-Übung 1“

Aufbauhinweis:

Die Isomatte wird hingelegt, und der Ball bereit gelegt.

Material:

- 1 Isomatte
- 1 großer Ball

Bewegungsaufgabe:

Du stützt dich mit den Händen und Füßen mit dem Bauch nach oben auf der Isomatte ab. Dein Partner rollt dann den Ball unter Dir durch und Du bewegst den Po nach unten, ohne ihn auf der Matte abzulegen. Dann hebst Du den Po wieder an und der Ball wird erneut durchgerollt. Wiederholt die Übung, so oft Ihr könnt. Danach Rollentausch.

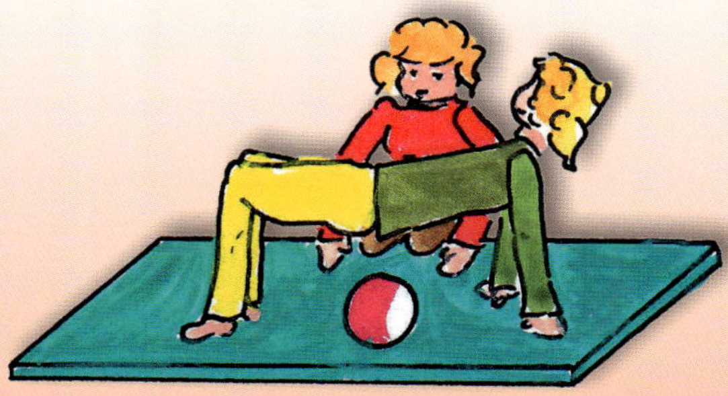

3.2 Parcours „Muskelkater"

Station „Po-Übung 2"

Aufbauhinweis:

Der Kasten wird mit einem Abstand von ca. 50 cm quer vor die Sprossenwand gestellt. Davor werden die beiden Slalomstangen mit wiederum ca. 1 m Abstand gestellt und dazwischen die Schnur gespannt. Die Wäscheklammern und Tücher werden vor den Kasten auf den Boden gelegt.

Material:

- 1 Sprossenwand
- 1 3-tlg. Kasten
- 2 Slalomstangen
- 1 Schnur
- 4 Wäscheklammern
- 4 Jongliertücher

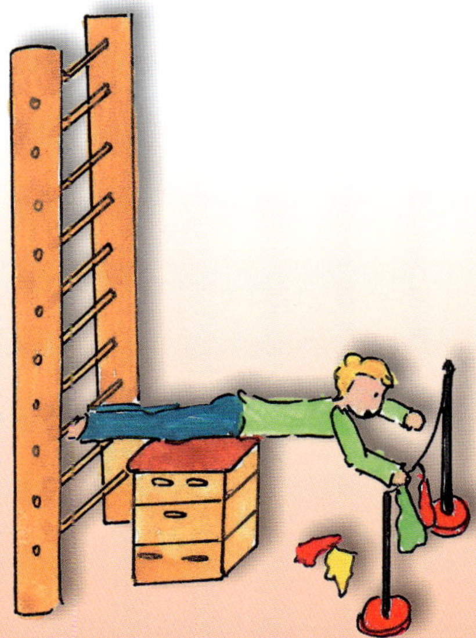

Bewegungsaufgabe:

Lege Dich bis zur Hüfte auf den Kasten und klemme Deine Füße in der Sprossenwand ein. Beuge Deinen Oberkörper immer wieder nach unten, wo Du eine Wäscheklammer und ein Jongliertuch greifst, um es dann an der Schnur zu befestigen.

3.2 Parcours „Muskelkater"

Station „Po-Übung 3"

Aufbauhinweis:

Die Bank wird aufgestellt und die umgedrehte Teppichfliese an einem Ende darauf gelegt.

Material:

- 1 Bank
- 1 Teppichfliese

Bewegungsaufgabe:

Gehe wie im Spinnengang vorwärts über die Bank mit den Händen. Die Füße stellst Du dabei auf die umgedrehte Teppichfliese und schiebst diese dabei voran.

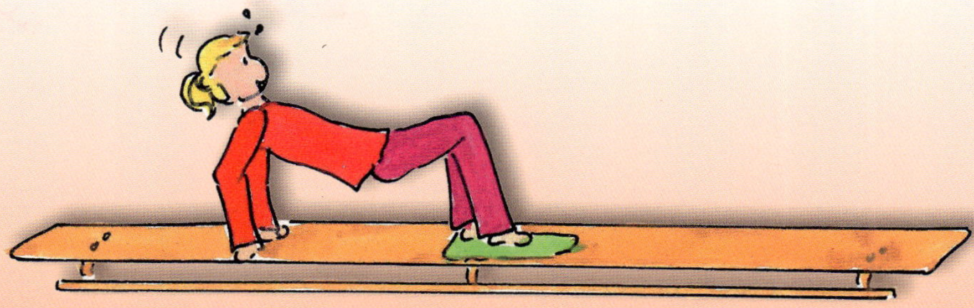

Station „Po-Übung 4"

Material:

- 1 Sprossenwand
- 1 Zauberschnur/ Gummischnur

Aufbauhinweis:

Die Zauberschnur wird doppelt gelegt und mit beiden Enden hüfthoch an einer Sprosse angebunden.

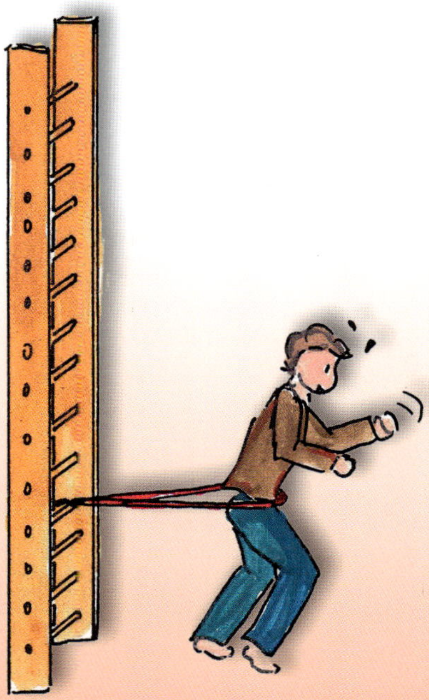

Bewegungsaufgabe:

Stelle Dich in die Zauberschnur hinein, so dass sie in der Hüfte aufliegt. Nun laufe, soweit Du kannst, nach vorne und halte diese Position eine Zeit lang, bevor Du wieder zurück läufst. Wiederhole die Übung mehrmals.

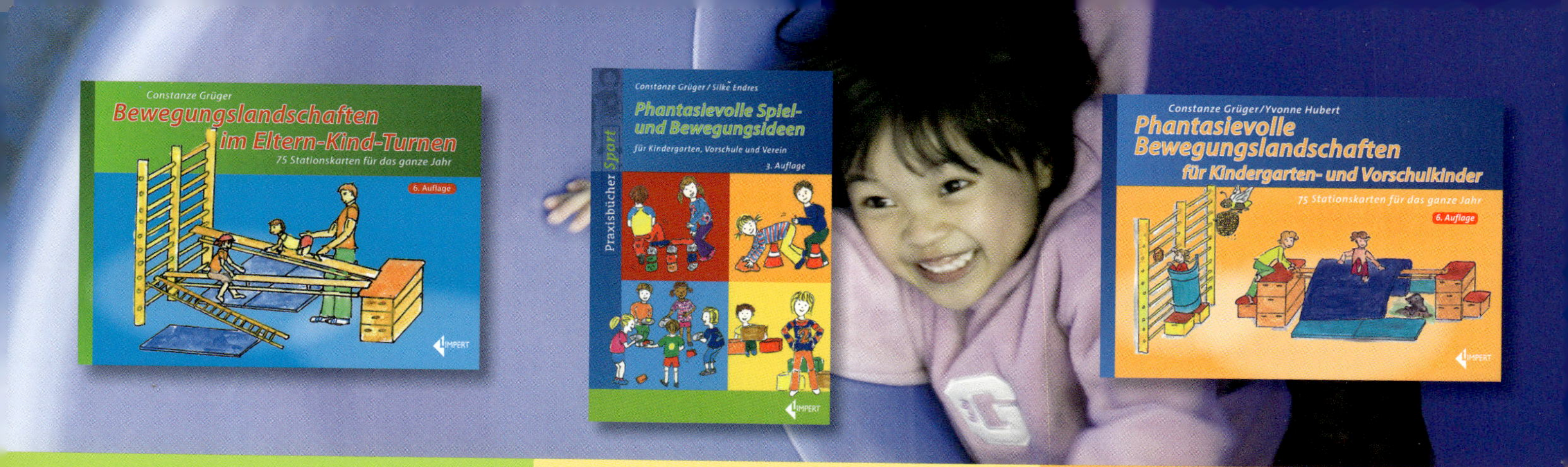

Constanze Grüger

Bewegungslandschaften im Eltern-Kind-Turnen

75 Stationskarten für das ganze Jahr

Diese Kartensammlung besteht aus 75 DIN A 5-Karten für 72 Turnstationen. Jede Karteikarte enthält auf der Vorderseite den Namen der Station, die benötigten Geräte und Materialien, eine Aufbauanleitung sowie -skizze. Auf der Rückseite befinden sich die geförderten Grundtätigkeiten, die Bewegungsaufgaben sowie Hinweise zur Hilfestellung.

6. Auflage, 75 DIN A 5-Karten, 80 Strichabb.,
ISBN 978-3-7853-1997-0

Best.-Nr. 343-01997

€ 19,95

Constanze Grüger / Silke Endres

Phantasievolle Spiel- und Bewegungsideen

für Kindergarten, Vorschule und Verein

Dieses Buch stellt über 200 neue Spiel- und Bewegungsideen für drinnen und draußen zum Einsatz in Kindergärten, Schule und Verein vor, zu deren Umsetzung nur wenige, alltägliche Materialien wie Zeitungen, Schwämme und Schraubdeckel benötigt werden. Neben den motorischen Fertigkeiten fördern diese Spiele auch die kognitiven, sozialen und emotionalen Erfahrungen der Kinder.

3. Auflage, 96 S., 81 farb. Abb., kt.,
ISBN 978-3-7853-1852-2

Best.-Nr. 343-01852

€ 9,95

Constanze Grüger / Silke Endres

Phantasievolle Bewegungslandschaften für Kindergarten- und Vorschulkinder

75 Stationskarten für das ganze Jahr

Diese Stationskarten basieren auf langjähriger Erfahrung der Autorinnen und beinhalten 75 Geräteaufbauten, die in 12 Bewegungslandschaften eingeteilt sind. Der Aufbau ist so strukturiert, dass Kinder im Alter von 3-6 Jahren alleine, ohne elterliche Hilfe, turnen können. Eine ideale Ergänzung zu den „Bewegungslandschaften im Eltern-Kind-Turnen"!

6. Auflage. 85 Karten, 80 farb. Abb.,
ISBN 978-3-7853-2006-8

Best.-Nr. 343-02006

€ 19,95

Preisstand 2024. Änderungen vorbehalten.

LIMPERT

Limpert Verlag GmbH · Industriepark 3 · 56291 Wiebelsheim
Tel. 06766/903-160 · Fax 06766/903-320 · E-Mail: vertrieb@limpert.de
www.limpert.de

Viele motorische Grundfertigkeiten wie Klettern, Hangeln, Rollen und Schaukeln werden in der Grundschulzeit gefestigt und weiterentwickelt. Gut strukturierte Bewegungslandschaften und Großgerätekombinationen sind hierfür eine gute Basis.

Diese Kartensammlung besteht aus 12 Bewegungslandschaften sowie 5 Parcours mit insgesamt 72 Stationskarten. Die Stationen fordern von den Kindern etwas Mut und sind abenteuerlich gestaltet. Ideale Voraussetzungen also, um Kindern Spaß an der Bewegung und gleichzeitig gute motorische Fertigkeiten zu vermitteln.

Jede Karteikarte enthält auf der Vorderseite Angaben zu den benötigten Geräten und Materialien sowie eine übersichtliche Aufbauanleitung. Auf der Rückseite sind die Bewegungsaufgaben mit den empfohlenen Hilfestellungen abgedruckt.

Constanze Grüger ist Übungsleiterin für Eltern-Kind-Turnen und Kinderturnen. Seit vielen Jahren ist sie in der Aus- und Fortbildung von Übungsleiter/innen, Erzieher/innen und Sportlehrer/innen tätig. Darüber hinaus hat sie Lehraufträge am Institut für Bewegungswissenschaften und Sport an der Universität Flensburg.
Im Limpert Verlag sind weitere bewährte Praxisbücher von Constanze Grüger erschienen.

ISBN 978-3-7853-2011-2
Best.-Nr.: 343-02011
www.limpert.de

9 783785 320112